Vom Hören zum Ankommen

Täglich ein Text

Christian Schütz (Hg.)

Vom Hören zum Ankommen

Texte benediktinischer Spiritualität

Matthias-Grünewald-Verlag · Mainz

verlags gruppe engagement Der Matthias-Grünewald-Verlag ist Mitglied der Verlagsgruppe engagement

Ein Titeldatensatz für diese Publikation ist bei Der Deutschen Bibliothek erhältlich

Umschlaggestaltung: Thomas & Thomas Design, Heidesheim
Satz: Jörg Eckart · dtp studio mainz
Druck und Bindung: fgb · freiburger graphische betriebe

ISBN 3-7867-2400-8

Vorwort

Der Titel dieses Buches sind das erste und das letzte Wort der Mönchsregel des hl. Benedikt von Nursia. Diese beiden Worte besitzen eine geradezu programmatische Bedeutung. Sie lassen sich mit zwei Pfeilern vergleichen, zwischen denen der Bogen unseres Lebens schwingt. Das Wort „Höre!" ist wie ein Signalwort, das uns bewusst aufrufen und auf den Weg unseres Lebens stellen will. Es lädt uns dazu ein, uns dabei der Führung Benedikts und derer, die in seine Fußstapfen getreten sind, anzuvertrauen. Das Buch ist so angelegt, dass es Monat für Monat eine bestimmte Station dieses Weges näher betrachtet. Die Perspektiven und Erfahrungen, die dabei zur Sprache kommen, sind nicht aufeinander abgestimmt, sondern tragen den Stempel der spirituellen Biographien der Einzelnen. Der Monat Januar umkreist die Person und Gestalt des Mönchsvaters Benedikt. Im Februar steht die auf ihn zurückgehende Regel im Zentrum der Aufmerksamkeit. Der Monat März ist auf das Anliegen der Suche nach Gott gerichtet. Im April geht es um das Leben und Geheimnis Gottes. Dem Mai ist die Liebe zu Christus zugeordnet. Die Welt des Gebetes bildet den Betrachtungsgegenstand des Monats Juni. Dem Juli ist das Anliegen des Lesens und der geistlichen Lektüre vorbehalten. Im Rahmen des Monats August beschäftigen sich die Texte mit dem Thema Arbeit. Askese und asketische Lebensführung bestimmen das Programm des Monats September. Im Oktober beherrschen das Leben in Gemeinschaft und die Frage der Beziehungen untereinander das Blickfeld. Die Überlegungen im November sind schwerpunktmäßig bestimmten Lebenshaltungen oder Tugenden reserviert. Die Meditationen des Monats Dezember stehen unter dem Vorzeichen unseres Lebensziels und leiten damit zum Schlusswort der Benediktsregel, vom „Ankommen", über.

Die hier gesammelten Texte sind eine Auswahl und stellen eine Einladung, ein Angebot dar. Sie werden nicht nur Zustimmung, sondern auch Ein- und Widerspruch auslösen. Ihre Wirkung möchte sich aber nicht im Konsens oder Dissens erschöpfen. Sie möchten unsere je eigene Nachdenklichkeit und Auseinandersetzung anstoßen. Ihre eigentliche Absicht ist es, dass wir den im Kontext unseres Lebens verborgenen „Text" mehr und mehr „hören" und mit Hilfe der Beispiele und Erfahrungen anderer an dem uns zugedachten Ziel „ankommen".

Christian Schütz OSB

Januar

1 Heiliger und gesegneter Benedikt, die himmlische Gnade hat dich mit solch überströmender Güte gesegnet – nicht nur dazu, dich zu der Herrlichkeit zu erheben, die du ersehnt, zu einem Platz im Himmel in der Gemeinschaft der Seligen, sondern um viele andere zur gleichen Seligkeit zu führen: in Staunen versetzt beim Betrachten deines Lebens, bewegt durch deine freundlichen Ermahnungen, geleitet von deiner milden Lehre, getroffen von deinen Wundern. Benedikt, Gesegneter Gottes, den Gott mit einem solch umfassenden Segen gesegnet hat, mit aller Inbrunst meines Herzens schütte ich vor dir mein Gebet aus und flehe mit aller Glut meines Verlangens um deine Hilfe, denn meine Not ist zu groß, als dass ich sie tragen könnte.

Anselm von Canterbury

2 Es lebte ein verehrungswürdiger Mann. Er hieß Benedictus. Der Gnade und dem Namen nach war er ein Gesegneter. Schon von früher Jugend an hatte er das Herz eines reifen Mannes, war er doch in der Lebensweise seinem Alter weit voraus. Dem bösen Begehren gab er sich nicht hin. Solange er auf dieser Erde lebte, hielt er die Welt

in ihrer Blüte schon für verdorrt, obwohl er sie eine Zeitlang ungehindert hätte genießen können … Gott allein wollte er gefallen, deshalb begehrte er das Gewand gottgeweihten Lebens. So ging er fort: unwissend, doch erfahren; ungelehrt, aber weise.

Gregor der Große

3 Dieser Mann war erfüllt vom Geist aller Gerechten … Das Wasser, das aus dem Felsen strömt, erinnert mich an Mose; das Sichelmesser, das aus der Tiefe des Wassers emporkommt, an Elischa; das Gehen über das Wasser an Petrus; das Gehorchen des Raben an Elija; die Trauer über den Tod des Feindes an David … Der Mann Gottes Benedikt besaß den Geist des Einen, den Geist dessen, der die Gnade der Erlösung schenkt und die Herzen aller Berufenen erfüllt.

Gregor der Große

4 Ein Heiliger ist keine tote Schablone. Er ist ein lebendiger Träger und Vermittler des allein und absolut Heiligen, nämlich Gottes, dessen Geist ein Geist unendlicher Schöpferkraft ist … Die großen Heiligen der Kirche sind Menschen, deren Geschichte und Bedeutung nicht mit ihrem Sterben abgeschlossen ist, sondern nach ihrem Tod erst richtig beginnt. Das gilt in ganz besonderer Weise vom heiligen Benedikt. Man kann geradezu sagen, dass die Jahrzehnte, da er als Abt eines unter vielen italie-

nischen Klöstern gelebt und für seine Gemeinschaft eine Regel geschrieben hat, der unscheinbarste Abschnitt seiner Geschichte ist … Erst in den Jahrhunderten danach wurde Benedikt zum Vater der Mönche Europas, zum Ideal, zum Vorbild, zum Lehrer unzähliger Generationen von Mönchen.

Bernardin Schellenberger

5 Innerhalb der Sendung zur Heiligkeit gibt es … Sendungen, die wie Blitze vom Himmel herab in die Kirche geschleudert werden, die einen einmaligen und eindeutigen Willen Gottes mit seiner Kirche zur Darstellung bringen müssen. Es gibt auf der anderen Seite Sendungen, die aus dem Schoß der Kirche und der Gemeinde, aus der Gemeinschaft der Orden emporwachsen und durch ihre Reinheit und Konsequenz den anderen zum Vorbild werden. Die ersten kommen von Gott und wachsen in die Kirche hinein … Die andern stammen aus der Kirche, sind Blüten, die das fruchtbare Gnadenerdreich der Kirche getragen hat, und sie werden von der Kirche wie Erstlingsfrüchte zu Gott gebracht.

Hans Urs von Balthasar

6 Sei gegrüßt, Hirte und Schutzherr, Zierde der Mönche, Benedikt, guter Vater, von aller Gnade glänzend, stelle dich als Schild für mich gegen alles Böse, stehe mir im Kampf zur Seite, durch dich werde ich alles besiegen.
Sei gegrüßt, denn in dir lacht mir die Fülle guten Lebenswandels entgegen; verschaffe mir die Segnungen eines Lebens in größerer Heiligkeit; hilf mir, jederzeit die Abwege, die in Schuld führen, zu fliehen; verschaff mir die Gunst, in der himmlischen Heimat ein prächtiges Gefäß zu sein.

Christan von Lilienfeld

7 Benedikts Gestalt ist im Laufe der Jahrhunderte zum Typus geworden. Pax steht über seiner Person. Jenes Bild, das Gregor der Große von seiner ausgereiften Persönlichkeit gezeichnet hat, wie der Patriarch von der Höhe seines Bergklosters auf das kleine, irdische Treiben herniederblickt, ist in der Erinnerung haften geblieben und darüber vergessen worden, welch ein Leben, reich an Wechsel, vorausging, bis der Heilige ausgereift war … Schon aus dem knappen Berichte (Gregors) ergibt sich, dass der Heilige eine große Entwicklung durchlebt hat, dass seinem Leben die Kämpfe nicht erspart blieben.

Stephanus Hilpisch

8 Damit ein Mensch so ausgeglichen und weise sein konnte, musste er viel mit sich gekämpft haben. Die Weisheit, die aus der Regel spricht, lässt auf die Erfahrungen schließen, welche Benedikt mit sich gemacht haben muss. Benedikt hat sich den Anfechtungen und Gefährdungen durch das Böse gestellt, er hat im Ringen um innere Lauterkeit in die Abgründe des Menschseins geschaut, so dass ihm nichts Menschliches fremd blieb. Aber er hat auch die Macht der Gnade erfahren, die uns zu heilen versteht. Und so wurde er zu einem weisen Arzt, der mit den Menschen umzugehen verstand, der sie nicht durch zu hohe Forderungen abschreckte, sondern sie in ihrer Schwäche annahm und so zu heilen vermochte.

Anselm Grün

9 In diesem zweifachen Licht (der Regel und der Dialoge Gregors) erscheint uns der Schöpfer des abendländischen Mönchtums als alter Lateiner vom besten Holz: ein gesunder, praktischer Kopf, mit klarem und kühnem Wollen; ein Mann, der befehlen kann und Ordnung verlangt, wo immer es sei; ein Mann, der Recht und Billigkeit, die Wurzel der Ordnung, zum Maßstab seines Handelns nimmt und überall den Frieden sucht, die Frucht der Ordnung … Am schönsten aber zeigt sich der Grundzug seiner Seele in seinem Innenleben: Es ist die Tugend der Frömmigkeit, verwurzelt in ei-

nem tiefen, innerlichen Glauben. Als Ganzes also eine gerade, starke Persönlichkeit und zugleich ein Mensch von seltener Ausgeglichenheit. Ein Mann, in dem sich Güte und Kraft, Demut in Würde, die Liebe zur Arbeit und die Liebe zum Gebet in wunderbarster Weise ergänzen.

Philibert Schmitz

10 Wie groß war doch seine Liebe, dass er nicht nur seinen Mitmenschen nützte, sondern auch um die kommenden Generationen besorgt war! Dieser Baum brachte nicht nur für die, die damals lebten, Frucht hervor, nein, seine Frucht wächst und bleibt bis heute. Er war geliebt von Gott und den Menschen; nicht nur sein Erdenleben gereichte zum Segen – wie es bei vielen ist, die nur von Gott geliebt sind, weil nur Gott sie kennt –, sondern auch sein Andenken ist bis jetzt zum Segen (Sir 54,1). Denn bis heute sorgt er im dreifachen Bekenntnis der Liebe zum Herrn mit dieser dreifachen Frucht für die Herde des Herrn: Er nährt sie durch sein Leben, er nährt sie durch seine Lehre und er nährt sie durch seine Fürsprache.

Bernhard von Clairvaux

11 Benedikt war die große Stiftergestalt … Stifter kann man nicht werden wollen, obwohl dies viele Menschen begehrt haben, und jeder, der es werden wollte, scheiterte kläglich. Zum Stifter

wird man einzig und allein von Gott berufen. Gott hat ihn dazu auserwählt, und deswegen ist er zum großen Stifter geworden, dessen Dasein sich im Gedächtnis der Menschheit eingekerbt hat. Gründer sind einmalige Menschen von außergewöhnlicher Kraft. Benedikt trat mit der Stiftung von Montecassino nicht als Weltverbesserer auf. Er kümmerte sich nicht weiter um den Verfall, sondern meditierte über einen Neuaufbau.

Walter Nigg

12 Er ist ein Baumeister hohen Ranges. Er wählt mit Maß und Klugheit aus der Fülle der Bauelemente, die ihm die Vergangenheit bietet, er verbindet sie so mit dem Leben der Kirche seiner Zeit, dass sie tragfähiges Fundament für das klösterliche Leben der folgenden Jahrhunderte wurden. Er zeigt sich in seiner Regel weder als blinder Verehrer noch als radikaler Verneiner der bisherigen Tradition, sondern er weiß wohl, was er festhalten muss, um nichts Wesentliches zu verlieren, und was er aufgeben oder verlassen kann, ohne Schaden anzurichten, und was er verändern kann, um das Wesentliche besser darzustellen und für die Zukunft fruchtbar zu machen.

Emmanuel von Severus

13 Die Welt, in die St. Benedikt hineingeboren wurde, war eine verworrene, zerrissene, ungewisse Welt, der Begriffe wie Sicherheit und Geborgenheit fast gänzlich fremd waren. Die Kirche war davon nicht ausgenommen … An diesem Punkt betrat der Mann die Szene, der eine Arche baute, um den kommenden Sturm zu überleben – eine nicht von Händen gemachte Arche sozusagen, in die dann paarweise die menschlichen und ewigen Werte einsteigen konnten, um bewahrt zu werden, bis die Wasser sich wieder beruhigt hätten; eine Arche, die dann tatsächlich nicht nur ein stürmisches Jahrhundert überdauerte, sondern mittlerweile bereits fünfzehn Jahrhunderte – und immer noch tragfähig ist und viele ans sichere Ufer zu bringen vermag. Der Baumeister dieser Arche ist uns im Wesentlichen durch sein Werk, die Regel, bekannt.

Esther de Waal

14 An dem Heiligen lässt sich Gottes Antwort auf die geschichtliche Stunde ablesen. Wo sollen wir sonst ablesen, was Gott mit einer Zeit im Sinne hatte? Wenn wir den Heiligen gefunden haben, von dem wir vermuten können, er sei von Gott zu dieser Geschichts-Antwort berufen gewesen, dann haben wir das genaueste Maß. Diese Heiligen werden am Anfang stehen, denn die Liebe macht hellsichtig und vorausschauend … Wie sehr verehren wir den heiligen Augustinus, der nicht an einem

solchen Anfang stand, sondern ganz an ihrem Ende und ein wenig an einem Übergang, und der unserer modernen Seele und unserem modernen Geiste gerade darum so nahe steht! Aber für unsere Frage hat ein anderer, fremderer und größerer Heiliger den Schlüssel in der Hand: Sankt Benedikt.

Walter Dirks

15 Was geht doch vor sich, wenn ein Heiliger heraufwächst? Es geschieht etwas von Christus her. Ein Mensch hat sich Christus ganz zur Verfügung gestellt; und der hat ihn hereingezogen in den besonderen schöpferischen Bereich seiner geschichtlichen Selbstauswirkung ... Für die heilige Gestalt gibt es keinen Kanon. Christi Geist weht, wo er will. Immer aber hat sie ein Merkmal: Sie ist ein göttlicher Anfang. Und ist gesendet, für eine Zeit, oder eine Not, oder eine Aufgabe. Die Größe aber des Heiligen ist seine Liebe. Der gläubige Wagemut, sich Gott für ein noch Unbekanntes ganz zur Verfügung zu stellen. Material zu sein in seiner Hand. Durchbruchstelle für ihn. Die Gestalt des Heiligen aber ist die besondere Weise, wie der Durchbruch Christi geschieht; wie er in neuer Art „gebildet" wird im Menschengewächs. In diesem wirklichen Menschen, dieses eine Mal; aber eben darin zugleich für viele, für den Sendungsbereich des Heiligen.

Romano Guardini

16 St. Benedikt war nie ein volkstümlicher Heiliger wie ein Franz von Assisi, auch wenn ihm mehr als zwölf Patronate zugeschrieben werden … Ein Porträt St. Benedikts von historisch verbürgter Ähnlichkeit gibt es nicht … Weit spannt sich der Bogen der Jahrhunderte und der Auffassungen. Jede Zeit fand in Sankt Benedikt, was sie suchte. Wenn eine Zeit Benedikts männliche Tatkraft und Entschiedenheit betonte, stellte eine andere die zeitlos-jugendliche Idealität oder die persönliche Würde und abgeklärte Reife des Heiligen in den Vordergrund. Allen Darstellungen gemeinsam ist die Verehrung für den Mann, der in seiner Regel Milde und Strenge zu vereinen wusste, und dadurch zum Vater des abendländischen Mönchtums wurde.

Elisabeth Dubler

17 St. Gregor nennt den hl. Benedikt in seiner Lebensbeschreibung den „Vir Dei, den Mann Gottes". Vielleicht fasst kein Wort das Wesen St. Benedikts und das, was er in seiner „Schule des Herrendienstes" will, kürzer und treffender zusammen. Das war St. Benedikt: ein „Mann Gottes", ein Mann, für den Gott alles war. „Gott allein zu gefallen" … war schon die Sehnsucht des „gottesfürchtigen und frommen Knaben", der dann in der Schule Gottes heranreifte zum „vollkommenen Mann", ganz Gott hingegeben und darum auch ganz von Gott erfüllt. Aus dieser Gotterfülltheit heraus schrieb er seine Regel, gestaltete er das Leben seiner Klostergemeinde zu einem immerwährenden „Gottesdienst", ward er Tausenden ein Wegweiser zu Gott.

Emmanuel Heufelder

18 Ich vernahm eine Stimme, die vom wahren Licht kam und zu mir sagte: Der Heilige Geist hat im seligen Benedikt solche lichtvolle und geheimnisvolle Einsichten hervorgebracht, dass sein Herz wie Gold in der Liebe Gottes erglänzte und der Überredung der teuflischen Verführungskunst alles andere als im Tun nachgab. Er war von der Gnade des Heiligen Geistes so erfüllt, dass er in keiner Verrichtung auch nur eine Sekunde oder einen Augenblick der Kraft des Geistes entbehrte. Er glich einer verschlossenen Quelle, die nach dem Maßstab Gottes ihre Unterweisung weitergab; den spitzen Nagel seiner Lehre hat er weder zu weit oben noch zu weit unten, sondern in der Mitte der Achse des Rades angebracht. Auf diese Weise kann jeder – ob stark oder schwach – seiner Möglichkeit entsprechend angemessen daraus trinken.

Hildegard von Bingen

19 Den Frieden zu gewinnen, / Verließest Du die Welt: / So hast Du ewige Zinnen / Tief in die Flut gestellt. / Die mit Dir einsam waren, / Umwebt ein lebend Band, / Und friedensmächtige Scharen

/ Begnaden Land für Land ... Die fernen Inseln singen, / Die Länder überm Meer, / Es weht wie Engelsschwingen / Vor Deinem Namen her. / Dein Antlitz leuchtet Frieden, / Dir ist der Tag bestellt: / Lass von der Welt geschieden, / Uns Friede sein der Welt!

Reinhold Schneider

20 Eines Morgens, als Benedikt noch vor den nächtlichen Gebetsstunden schweigend Wache hält vor dem Antlitz Gottes und der Welt, schaut er, wie ein wunderbares Licht ihn einhüllt. Inmitten dieses Lichtes sieht er die ganze Welt wie in einen einzigen Sonnenstrahl gesammelt ... Die Welt also inmitten des Lichtes Gottes, das ist die Botschaft, die Benedikt ... allezeit verkündet. Jede andere Botschaft ist erst das „Hinzugegebene".

André Louf

21 Nun, da wir wissen, woher der hl. Benedikt gekommen ist und wohin er gegangen ist, lasst uns auch sehen, wie er gegangen ist. Denn es wäre denen, die ihm zu folgen wünschen, von keinem Nutzen, wenn sie nur wüssten, woher er kam und wohin er ging, nicht aber, wie er ging. Er ging wahrhaftig durch Christus zu Christus. Er gelangte durch den Glauben an Jesus Christus, der in ihm durch die Liebe wirkte, zur Anschauung und Kontemplation Jesu Christi, durch die jedes gute Verlangen gestillt wird. Sein Weg war also Christus, der im Evan-

gelium von sich selbst gesagt hat: „Ich bin der Weg, die Wahrheit und das Leben" (Joh 14,6). Durch ihn gelangte er zu ihm, denn er ist das Leben und der Weg. Der wunderbare Lebensweg unseres Vaters war ein Weg ohne Umwege; denn er war heilig.

Aelred von Rievaulx

22 Das ist Benedikts Heiligengestalt. Ein Mann, der Gott sucht, sich gänzlich seinem „Dienste" übergibt, dem eigenwilligen Streben Demut und Gehorsam entgegenstellt, sich und sein Leben ganz von Gottes Geboten leiten lässt, sein Wesen durchtränkt vom Gottgedenken, vom Gottdienen und Gottlieben; ernst, stark, würdevoll, maßvoll und gütig zugleich, unablässig bemüht um das Doppelgebot der Gottes- und Nächstenliebe, auch alle ihm Anvertrauten in allem Tun und allerwärts dazu bildend, mehr und mehr zu Gott hin voranschreitend. So tritt er vor uns hin in seiner Regel, so schimmert uns sein Bild auch entgegen durch die Hülle der gregorianischen Erzählungen; so wächst er vor unsern Augen noch am letzten Tage.

Ildefons Herwegen

23 Was bedeutet es …, wenn Papst Paul VI. im Jahre 1964 den heiligen Benedikt zum „Patron Europas" erklärt hat? Wenn es gestattet ist, ein wenig Geschichtstheologie, die ja immer auch in etwa Geschichtsprophetie ist, zu treiben, so wird man

annehmen dürfen, dass dem Patriarchen des abendländischen Mönchtums die Schutzherrschaft über gerade den eben genannten Vorgang anvertraut werden sollte: das Aufgehen Europas in einer größeren Welt. Gewiss, noch ist die Flamme benediktinischen Lebens an den alten Stätten der europäischen Christenheit nicht erloschen … Aber längst schon sind neue und gewichtigere Schwerpunkte benediktinischen Mönchtums entstanden … Wie Benedikt einst östliches Mönchtum dem christlichen Europa einverleibt hat, so ist er auch jetzt in seinen Söhnen und Töchtern zu diesem „plus ultra" berufen, zu diesem Hinausweisen über die Grenzen des Abendlandes als „Patron der Zukunft".

Paulus Gordan

24 Die Sehnsucht nach dem Ursprung ist die Sehnsucht nach einem neuen Anfang. Unsere Zivilisation leidet darunter, dass alles kompliziert, unüberschaubar, in Spezialgebiete aufgeteilt ist. Auch das geistliche Leben zeigt eine Fülle von Angeboten, Methoden, Fragen und Problemen. Viele Menschen resignieren, weil ihnen die Probleme der Zukunft von Welt und eigenem Leben bedrohlich und unlösbar erscheinen. Das eigentliche Geheimnis des hl. Benedikt scheint die Einfachheit seines Weges zu sein, eine Einfachheit, die nicht unwissender Naivität oder Flucht vor den Problemen oder der Neigung zu Simplifikationen ent-

springt. Sie kommt vielmehr aus dem schlichten Verlangen, allein Gott zu suchen. Sie lässt die großen Theorien der Spiritualität beiseite und fängt einfach an.

Odilo Lechner

25 Im 3. Kapitel der Regula zeichnet Benedikt das schöne Bild eines pneumatischen Vaters, der selbst vom Pneuma erfüllt ist und gerade deshalb auch das Pneuma anderer anerkennt, der zwar über das Pneuma der Schüler entscheidet, aber zuerst auf es lauscht, da ja gerade in ihm Gott sprechen könnte. Dabei fällt der wunderbare Satz: saepe iuniori revelat Dominus quod melius est (der Herr offenbart oft einem Jüngeren, was das Bessere ist). Letzte Quelle dieser Anschauung ist das Evangelium Mt 11,25 = Lk 10,21, wo der Herr den Vater preist, weil er „dies vor den Weisen und Klugen verborgen, es den Kleinen aber entschleiert hat".

Odo Casel

26 Verleih mir, gütiger und heiliger Vater, in deiner Huld: einen Verstand, der dich versteht, einen Sinn, der dich wahrnimmt, ein Gemüt, das an dir Wohlgefallen hat, einen Eifer, der dich sucht, eine Weisheit, die dich findet, einen Geist, der dich erkennt, ein Inneres, das dich liebt, ein Herz, das an dich denkt, ein Tun, das dich verherrlicht, ein Gehör, das dich hört, Augen, die dich sehen, eine

Zunge, die dich preist, einen Wandel, der dir gefällt, eine Geduld, die auf dich harrt, eine Standhaftigkeit, die dich erwartet. Gib mir ein vollkommenes Ende, deine heilige Gegenwart, eine glückliche Auferstehung und zum Lohn das ewige Leben.

Alkuin

27 Der heilige Benedikt ist in hervorragender Weise ein Mann der Tradition. Weder seine Veranlagung noch eine besonders günstige Situation haben ihn dazu veranlasst, gänzlich und mit Begeisterung eine neue Form des geistlichen Lebens zu schaffen. Er kümmert sich nicht darum, als eigenständig oder bahnbrechend zu gelten. Man kann das gut am letzten Kapitel seiner Regel beobachten. Dieses ist erst spät abgefasst, im Angesicht der Ewigkeit, nach dem Studium und vielleicht auch nach der Erprobung der wichtigen monastischen Lebensordnungen. Fast bei jedem Satz nimmt es sich wie eine feste Regel aus, dass er seinen Gedanken auf den der Alten stützt, wenigstens ihre Sprache spricht oder sich ihrer Ausdrücke bedient.

Paul Delatte

28 Benedikt, weder Theologe noch Philosoph, hat mit dem Gottes- und Menschenbild, das er zeichnet, das Abendland tiefer geprägt als die großen Denker. Sein Gott ist der biblische, sein Mensch wird durch das Stehen vor diesem Gott

gebildet, und der Schimmer antiker Form auf ihm lässt diese keinen Augenblick als ein zweites selbständiges Thema neben dem biblischen erscheinen. In der Regel erscheint Gott als der unsagbar Gegenwärtige, vor dem das Geschöpf hüllenlos steht … Der Mensch lässt diesen all-durchdringenden Blick und Ruf Gottes in der immer tiefern humilitas (= Demut) für sich wahr werden.

Hans Urs von Balthasar

29 Die Zeit, in der St. Benedikt lebte, mochte vielen als Vorabend des Weltendes erscheinen. Unser Gottesmann verliert kein Wort darüber. Ihm war jeder Tag gleichwert und gleich fruchtbar, ein Tag der Aussaat und Ernte, weil er ein Tag des Heils, ein Gnadentag des Himmels, eine Gnadenfrist, ein Heute von göttlicher Gegenwart erfüllt, ein göttlicher Aufruf zu Arbeit und Gebet war. Mit Recht verstand er darum seine Zeit als eine gnadenvolle, göttliche Aufforderung, gewaltige und erhebende Aufgaben zu übernehmen. Obschon er sich den Tod stündlich vor Augen hielt, nutzte er jede Stunde, um ununterbrochen voranzuschreiten und höher zu steigen. Das rufen auch die vierzehn Jahrhunderte und unsere Centenarfeier uns zu: Kein müßiges Zurückschauen, kein vorzeitiger Stillstand.

Raphael Molitor

30 Du Vater so vieler Völker, lass dein Auge auf dein Erbe fallen und segne selbst dies undankbare Europa, das dir so vieles verdankt und fast deines Namens vergessen hat. Das Licht, welches deine Kinder ihm brachten, ist erbleicht, die Glut, durch welche sie die von ihnen gegründeten und durch das Kreuz zivilisierten Gemeinschaften belebten, ist erloschen. Wildes Gestrüpp hat zum großen Teil den Boden überwuchert, in welchen sie den Samen des Heils gestreut. Komm deinem Werke zu Hilfe und halte mit deinem Gebete den erlöschenden Lebensfunken glimmend; befestige, was erschüttert ist und möge dann ein neues Europa … sich bald an Stelle dessen erheben, was die Häresie und alle falschen Lehrmeinungen aus ihm gemacht haben.

Prosper Guéranger

31 Heiliger Benediktus, komm wieder und hilf uns, das persönliche Leben wiederzugewinnen, jenes persönliche Leben, um das wir heute Heimweh und Sorge haben, und das die Entwicklung des modernen Lebens – von dem der energische Wunsch ausgeht, wir selbst zu sein – unterdrückt, während es zur selben Zeit weckt, bewusst macht und zugleich enttäuscht. Es ist dieser Durst nach wahrem persönlichem Leben, der dem Mönchsideal seine Aktualität bewahrt.

Paul VI.

Februar

1 Nicht nur die zahlreichen Wunder des Gottesmannes (= Benedikt) wurden in der Welt berühmt, sondern auch das Wort seiner Lehre strahlte hell auf. Er schrieb eine Regel für Mönche, ausgezeichnet durch maßvolle Unterscheidung und wegweisend durch ihr klares Wort. Wer sein Wesen und sein Leben genauer kennen lernen will, kann in den Weisungen dieser Regel alles finden, was er als Meister vorgelebt hat: Der heilige Mann konnte gar nicht anders lehren, als er lebte.

Gregor der Große

Die Zuteilung des Notwendigen
Man halte sich an das Wort der Schrift:
„Jedem wurde so viel zugeteilt, wie er nötig hatte." (Apg 4,35)
Damit sagen wir nicht,
dass jemand wegen seines Ansehens bevorzugt werden soll,
was ferne sei.
Wohl aber nehme man Rücksicht auf Schwächen.
Wer weniger braucht, danke Gott und sei nicht traurig.
Wer mehr braucht,
werde demütig wegen seiner Schwäche und nicht

überheblich
wegen der ihm erwiesenen Barmherzigkeit.
So werden alle Glieder der Gemeinschaft im Frieden sein.
Vor allem darf niemals das Laster des Murrens aufkommen,
in keinem Wort und keiner Andeutung,
was auch immer als Anlass vorliegen mag.
Wird einer dabei ertappt, treffe ihn eine schärfere Strafe.

Aus der Regel des hl. Benedikt

2 Was macht die Strahlkraft der Klosterregel des hl. Benedikt aus? Sie ist aus Erfahrung erwachsen, und sie will Erfahrung vermitteln! Sie ist erwachsen aus dem Erfahrungsweg eines geistlichen Meisters, nämlich aus seinem eigenen Weg und aus dem, auf dem er andere begleitet: und so will die Regel hinführen zu lebendiger Gotteserfahrung. Dabei stützt Benedikt sich in seiner Regel aber nicht nur auf die eigene Erfahrung, sondern ebenso auf die der frühchristlichen Meister vor ihm … „Regel" meint hier nicht so sehr eine Sammlung von äußeren Vorschriften als vielmehr eine Lebensordnung, erwachsen aus der Einsicht in die inneren Gesetzmäßigkeiten, die den Menschen in seinem Verhältnis zu Gott bestimmen. Darum kann Benedikt von dieser seiner Anfängerregel als von der heiligen Regel sprechen.

Emmanuel Jungclaussen

3 Die Regel ist wie ein alter, schwerer Rotwein, den man in kleinen Schlücken genießt. Wer das Maß überschreitet oder nicht mit Verstand zu trinken weiß, ist zu bedauern. Kopf und Herz, Seele und Gemüt sollen die Worte der Regel kosten, wie sich das Auge an der Farbe des Weins erfreut, während Zunge, Nase und Gaumen auf ihre Art die köstliche Gabe Gottes gustieren. – Hat man einen Ausspruch Benedikts auf der Zunge gekostet, indem man ihn wiederholt vor sich hersprach, wird man weiter sinnen, vielleicht in Betrachtung biblischen Worten, Gleichnissen oder Gestalten nachgehen, die in uns abklingen, oder der Person, dem Geheimnis und der Lehre Jesu. Das ist die altkirchliche „Meditationsmethode" des Ostens und des Westens; sie wird immer wieder in ein spontanes Gebet münden.

Georg Holzherr

4 Die Ordensregel des hl. Benedikt (geb. um 480) gehört zu den großen Büchern des Abendlandes. Es hat an der Prägung des christlichen Abendlandes großen Anteil. Diese Ordensregel beginnt mit einem Prolog. Und in diesem Prolog steht der Satz: „Lasst uns also endlich aufstehen, die Schrift weckt uns." … Es gibt Lebensstunden, in denen dieses „Erweckungswort" in besonderer Dringlichkeit an unser Ohr und unser Herz kommen will. Dann hängt alles davon ab, ob wir es wahrnehmen

und den Kairos, den entscheidenden Augenblick, nicht versäumen.

Johannes Bours

5 Für das westliche Mönchtum ist die Regel Benedikts nicht nur das ursprüngliche Gesetzbuch aus alter Zeit, von dem man sich immer weiter entfernt hat. Sie ist das Ideal geblieben, das den guten Willen anspornte; sie ist der stille Vorwurf, der uns in unserer Trägheit beunruhigte, das Reformprogramm für mutige Kommunitäten, die ihr wieder nahe kommen wollten. „Sie tranken aus dem lebenspendenden Felsen, der mit ihnen zog" (1 Kor 10,4). Dieses vom heiligen Paulus einer jüdischen Tradition entnommene seltsame Bild vom wandernden Volk Israel ist eine gute Illustration dessen, was die Regel – wie die Heilige Schrift – für das Mönchtum im Laufe der Geschichte gewesen ist: eine stets nahe Quelle, nach der man nur die Hand auszustrecken braucht, um den Durst zu stillen.

Adalbert de Vogüé

6 Benedikts Regel ist ein Bekenntnis ohne jedes Wort über den Bekennenden selbst. Sie ist ein objektiv gewordenes Bekennen seines eigenen Seins, seiner Erfahrungen, seines Wollens, seiner überlegen-gütigen Erzieherweisheit. Keine Spur verrät die Regel von Betonen der eigenen Person, keinen Nachklang von Enttäuschung, Erregung

oder ungezügeltem Affekt; sie ist der Spiegel jener ruhigen Gehaltenheit, die in ihrem Schöpfer selbst lebendig sein musste. Sie ist ein Werk, so populär in ihrer Vulgär-Sprache wie klassisch in ihrer ruhig-schönen Abgeklärtheit und Einheitlichkeit. Mensch und Werk – in der Regula Sancti Benedicti sind sie eins geworden.

Theodor Steinbüchel

7 Die heilige Regel ist gleichsam zu einem ansehnlichen, geräumigen und ausgedehnten Haus geworden, um alle möglichen Arten von Menschen zu beherbergen, Kinder ebenso wie Senioren, Starke und Schwache, Verweichlichte, Menschen, die sich durch die Vielheit und Ungleichheit ihrer Lebensweise unterscheiden. Wir dürfen uns durch ihre Scheinsicherheit nicht irritieren lassen, noch dürfen wir alles Entgegenkommen der Regel für unsere Lebenspraxis frech in Anspruch nehmen.

Petrus Damiani

8 Kommt einer neu und will das klösterliche Leben beginnen,
werde ihm der Eintritt nicht leicht gewährt,
sondern man richte sich nach dem Wort des Apostels:
„Prüft die Geister, ob sie aus Gott sind.“
Wenn er also kommt und beharrlich klopft
und es nach vier oder fünf Tagen klar ist,

dass er die ihm zugefügte harte Behandlung
sowie die Schwierigkeiten beim Eintritt geduldig erträgt,
aber trotzdem auf seiner Bitte besteht,
gestatte man ihm den Eintritt,
und er halte sich einige Tage
in der Unterkunft für die Gäste auf.
Danach wohne er im Raum für die Novizen,
wo sie lernen, essen und schlafen.
Ein erfahrener Bruder werde für sie bestimmt,
der geeignet ist, Menschen zu gewinnen,
und der sich mit aller Sorgfalt ihrer annimmt.
Man achte genau darauf,
ob der Novize wirklich Gott sucht,
ob er Eifer hat für den Gottesdienst,
ob er fähig ist, Widerwärtiges zu ertragen.
Offen rede man mit ihm
über alles Harte und Schwere auf dem Weg zu Gott.

Aus der Regel des hl. Benedikt

9 Seinerzeit schon, noch bevor uns jemand mit derlei Fragen beunruhigte, ergab sich für uns die Gelegenheit, sich mit der bereits erwähnten Regel unseres heiligen Vaters (= Benedikt) zu befassen. Zu ihrer Entstehung hatte der Heilige Geist in der Tat in dessen Sinn bereits Vorkehrungen getroffen, wie er auch durch dessen Mund gesprochen hat; schließlich besaß jener die Fülle des Geistes. Die Regel selber war nämlich ganz und gar errich-

tet auf dem Fundament einer göttlichen Weisung und der Autorität des Evangeliums. Darauf hielt ein Baumeister oder Verfasser von solcher Beschaffenheit seine klaren Augen des Herzens während der Abfassung gerichtet.

Rupert von Deutz

10 Den vollkommenen Mönchen erscheint die Regel des heiligen Vaters Benedikt als ein klarer, angenehmer und geräumiger Weg, als rau und eingeengt dagegen den Unmündigen und Anfängern; denn diese hat das Säuglingsalter zu lange ernährt. Diese ist eine heilige Straße, ein äußerst heller Himmelspfad, den die seligen himmlischen Heere in Eile zurückzulegen verlangen. Diese erhabene Regel hält alle Mönche dazu an, sich von den Geschäften zu befreien und nach dem Himmelreich zu streben. Dem Eigenbesitz sollen sie entsagen, als ihr Eigentum sollen sie jenes volle Glück betrachten, das als himmlisches Reich ihren Gefährten bleibend zu Eigen ist. Von unseren Vätern wird dieser Weg in einem ehrwürdigen Lied, das von der Weisung des Gesetzes handelt, als ein königlicher und rechtstufiger bezeichnet.

Smaragdus

11 Ich glaube an die Regel und bin von ihrer Aktualität fest überzeugt. In ihr finde ich ein lebendiges Echo auf das Evangelium und die konkre-

te Antwort auf den Ruf Gottes an uns durch das Evangelium. Ihre Aktualität wird mir immer deutlicher in dem Maß, wie ich mit zunehmendem Alter und größerer Erfahrung mit immer zahlreicheren konkreten Situationen und mit neuen Gesichtspunkten des monastischen Lebens in Berührung komme. Vollkommene Aktualität. Hauptsächlich natürlich in den großen Linien ihrer geistlichen Doktrin, aber auch in vielen Einzelheiten, die das Leben der Mönche regeln, selbst wenn sie durch ihre Form oder auch wegen der geschilderten Situation überholt erscheinen. Selbstverständlich unter der Voraussetzung, dass man die Regel zu lesen versteht.

Gabriel Braso

12 Zu guter Letzt, lieber Vater Benedikt, erlaube mir noch ein paar Bemerkungen zu deiner Regula. Die Gelehrten zerbrechen sich noch immer die Köpfe, was du davon selbst geschrieben, was du von einer Vorgängerin, der sogenannten Magisterregel, abgeschrieben hast. Ein Streit um des Abtes Bart in deinen Augen. Zu deiner Zeit war man nicht darauf erpicht, originell zu schreiben; man übernahm ungescheut gut formulierte Gedanken anderer Schriftsteller, wenn man inhaltlich mit ihnen einverstanden war Viele Einzelbestimmungen der Regula sind keine 1500 Jahre alt geworden … Aber der Geist deiner Regula nistet nicht

in den einzelnen Anordnungen; er schwebt gewissermaßen über ihnen, manchmal auch zwischen den Zeilen, und man muss nur genau hinhören, um ihn zu vernehmen.

Adalbert Seipolt

13 Die Regel jenes hl. Vaters beruht ganz auf jener erhabenen und allgemeinen Regel der Liebe, an der nach den Worten der Wahrheit das ganze Gesetz samt den Propheten hängt. Wenn schon das ganze Gesetz, dann auch das Gesetz jener Regel. Ein Mönch, der sich zur Regel des Vaters Benedikt bekennt, beobachtet diese dann in Wahrheit, wenn er überall das Gesetz der Liebe unversehrt bewahrt.

Petrus Venerabilis

14 Wir nennen sie die „heilige" Regel. Nun kommt aber alle Heiligkeit vom Heiligen Geist, der mit dem Vater und dem Sohn allein von Wesen heilig ist. Seien wir jedoch nicht darüber erstaunt, dass wir den Heiligen Geist nur viermal ausdrücklich in der Regel genannt finden, und da noch wie nebenbei. Der hl. Benedikt hat es nicht für notwendig gehalten, seine gut fundierten Vorschriften theologisch abzustützen ... Sicher, die Regel ist kein Buch, das in gleichem Maß als inspiriert gelten kann wie die Hl. Schrift, das Wort Gottes. Aber dennoch ist wahr, dass das Licht und die Gnade des Heiligen Geistes geheimnisvoll in ihr wirksam

sind. Die Früchte der Heiligkeit und die segensreichen Wirkungen, die sie Jahrhunderte hindurch in der Kirche hervorgebracht hat, beweisen es. Ohne den Geist wäre die Regel toter Buchstabe geblieben. Durch ihn aber ist sie die „heilige" Regel geworden.

Sighard Kleiner

15 Ist die Regel Benedikts auch keine nach Art einer mittelalterlichen Summa oder eines modernen Gesetzbuches streng logisch aufgebaute Einheit, so ist sie anderseits auch keine bloß zufällig angelegte Sammlung monastischer Vorschriften, sondern sie ist ein organisches Ganzes. Die Regel Benedikts ist von *einem* Geist, nämlich St. Benedikt, redigiert und beseelt. Der Abt von Montecassino fasste seine Regel als *Ganzes* auf, wenn er z.B. bestimmt, dass sie dem Novizen während des Probejahrs dreimal (RB 58,9.12–13), der Gemeinschaft „öfters" vorgelesen werde (RB 66,8; vgl. RM 24,15.26–27.31–33: tägliche Lesung). Es ist deshalb durchaus gerechtfertigt, in der Regel Benedikts ... einen *Aufbauplan* zu suchen. Doch darf man nie vergessen, dass die Regel Benedikts keine systematische Gesetzessammlung ist und auch nach der Auffassung der Antike keine sein will.

Basilius Steidle

16 Die Regula Benedikts ist ein religiöses Schriftstück ersten Ranges, das immer nur von Gott redet, in dessen Dienst der Mönch steht. Von ihrer Größe und Tiefe kann nicht genug gesagt werden, sonst hätte sie sich nicht über 1400 Jahre in der Christenheit erhalten können. Wenigen Schöpfungen ist eine solche Dauer beschieden – man nannte sie schon das bedeutendste Monument des Mittelalters. Das Wort „Freude“ kommt in ihr nur einmal vor, wenn vom Halten des Osterfestes die Rede ist. Benedikt hatte es jedoch nicht nötig, sie speziell zu betonen, floss doch die ganze Regula aus einer inneren Fröhlichkeit heraus. Statt den Menschen traurig zu machen, versetzt sie ihn in eine geistliche Heiterkeit. Wie wenige Bücher ist sie geeignet, zu den teuersten Begleitern eines Menschen zu werden.

Walter Nigg

17 Willst du dich demütig beugen dem sanften Joche Jesu Christi, / So lausche sinnend der Regel und hole daraus süßen Honig. / Des Alten und Neuen Bundes findest du Vorschrift und Lehre. / Darin waltet göttliche Ordnung und blühet ein Leben in Reinheit. / Benedikt hat es verfasst, das heilige Buch, unser Vater, / Hat es den Seinen vermacht, auf dass sie es treulich befolgen.

Anonymus

18 Die Regel ist nicht a priori, sondern a posteriori niedergeschrieben worden, d.h. sie wurde zuerst gelebt, bevor sie geschrieben wurde. Sie ist herausgewachsen aus dem Leben, aus der alltäglichen Erfahrung. Zuerst kam die Praxis und dann die Theorie. Es ist mir einmal eine fertige Regel für heutige Menschen zur Begutachtung vorgelegt worden, eine Regel, die hinter dem grünen Tisch gemacht worden war. Alles war bis ins kleinste Detail ausgeklügelt ... Auf die Frage, wo denn diese Regel gelebt werde, kam prompt die Antwort: Der Orden soll erst gegründet werden. So haben es Pachomius und Benedikt, Franziskus und Ignatius nicht gemacht. Sie haben zuerst das gelebt und vorgelebt, was dann in ihren Regeln den Niederschlag fand.

Benedikt Reetz

19 Was soll ich über den seligen Benedikt sagen? Er hat uns einen so hervorragenden Brunnen (gemeint ist damit seine Regel) gebaut, dass dessen äußerst heilbringendes und köstliches Wasser allen Durstigen und nach einem Trunk Verlangenden zur Erfrischung und zum Wohlbefinden dient. Nach den Aposteln und Evangelisten ist kein Brunnen mehr angelegt worden, der so viele Menschen gestillt, aus Todesgefahr und allen anderen seelischen Leiden errettet hätte.

Bruno von Segni

20 Der hl. Benedikt steht vor uns, in der Hand die Regel, die er in seiner tiefen Demut nur als „einen unvollkommenen Versuch“ bezeichnet hat (Reg. 73). Wir alle aber wissen, welchen Geist wahrer Heiligkeit dieses unsterbliche Gesetzbuch atmet, und dass es schon unzählige Scharen von Mönchen im Laufe vieler Jahrhunderte geheiligt hat; wir wissen, welch reichen Nutzen die Kirche Gottes daraus geschöpft und welch ausgezeichnete Früchte christlicher Kultur seine Befolgung gezeitigt hat. Wer könnte den außerordentlichen Einfluss ermessen, den diese wenigen Blätter der heiligen Regel seit 1400 Jahren auf die Geistesrichtung Europas ausgeübt haben? Der hl. Benedikt hat bei ihrer Abfassung nur an Gott gedacht; er wollte den nach Gott hungernden Seelen einen Weg zeigen, ihn zu finden; er wollte in der schlichten Einfalt seines Glaubens nur eine „Schule des göttlichen Dienstes“ eröffnen. Aber gerade wegen dieses ausschließlichen Strebens nach dem einen Notwendigen hat Gott diese Regel der Mönche mit einer außerordentlichen Gnade der Fruchtbarkeit gesegnet und dem hl. Benedikt einen Platz gegeben in der Reihe der großen Patriarchen.

Columba Marmion

21 Die Regel des hl. Benedikt bezeugt uns die Erfahrung der Wirklichkeit Gottes, wie sie in Jesus Christus erschlossen ist, und erinnert in ihrer geistlichen Unterweisung immer wieder daran: Er ist unser Schöpfer und unser Richter; er ist allerorts gegenwärtig, insbesondere jedoch bei der Feier des Gottesdienstes; er wirkt in uns durch seinen Heiligen Geist; ihm begegnen wir im Abt und in jedem der Brüder, zumal in den kranken; ihn nehmen wir auf in den Gästen, besonders in den Armen und Pilgern. Ihm schreibt der Mönch zu, was er Gutes an sich findet; ihm gilt sein dankbarer Lobpreis; ihm ist er Rechenschaft schuldig über sein Tun und Lassen; auf ihn setzt er seine Zuversicht in allem Widrigen; in ihm findet er seine Freude gemäß dem Wort des Apostels: „Durch die Gnade Gottes bin ich, was ich bin."

Satzungen der Bayerischen Benediktinerkongregation

22 In Bezug auf die Regel ist als letztes die Frage zu stellen, ob ihre Beobachtung genügt, damit der Mensch zum Heil komme. Dagegen spricht, dass die Regel selbst über sich hinaus weist auf Höheres. Dafür aber sprechen viele Stellen aus der Regel wie die zu Beginn des Prologs … Ähnliches steht auch am Schluss des Prologs. Die Antwort lautet also: Die Regel ist ein ausreichendes Mittel zum Heil, wenn man sie in rechter Weise hält. Und auch dort, wo die Regel über sich hinaus weist, ist

dies in rechter Weise zu verstehen. Du beobachtest nämlich die Regel dann in vollkommener Weise, wenn du die Gebote, Räte und Anregungen in ihr nicht nur so hältst, wie sie aufgeschrieben sind, sondern möglichst vollkommen. Nur so erlangst du mit Gottes Hilfe Vollkommenheit und steigst vom Unteren zum Höheren ... Das Heil der Seele liegt in der gerechten Heiligkeit; nicht also in der Heiligkeit eines Zustandes oder der Profess oder in leiblichen Übungen, sondern in der Heiligkeit, die im Geist und in der Wahrheit besteht.

Johannes von Kastl

23 Die Regel Benedikts ... steht einer ... auch inhaltlichen Weiterentwicklung nicht im Weg. Nicht nur erschließt sich die von ihr gewiesene Gottsuche erst im Vollzug; sondern die Weisung selbst muss im Raum der Geschichte je neu gehört werden, soll der Weg gangbar bleiben, soll er der Weg sein, auf dem man nicht nur vielleicht überleben kann, sondern auf dem man „richtig" lebt im Sicheinlassen auf den Geist und auf die Stunde, die es heute geschlagen hat. Dass der Weg vertiefend zur zwei-einen Liebe Gottes und der Menschen führt, das freilich wäre ein Kriterium dafür, dass die Weiterentfaltung wirklich vom Evangelium her ihren Ausgang nimmt und nicht von irgendwelchen subjektiven Spekulationen.

Corona Bamberg

24 Alle Weisung zielt darauf ab, einen Entwurf für den Weg zur Reife zu liefern und Hilfestellung dabei zu leisten; das gilt vor allem von aller Lebensweisung in einem christlichen Umfeld. Dass dies exakt auf die Regel des hl. Benedikt zutrifft, das wird deutlich an dem Beitrag, den sie im Laufe ihrer Geschichte zur christlichen Entfaltung erbracht hat. Ihre ausdrückliche und wiederholt betonte Absicht ist es, den persönlichen Fortschritt auf dem geistlichen Lebensweg bis zu dem Punkt zu unterstützen, an dem die anstrengende Beobachtung des Buchstabens transzendiert wird. Im Kontext der gnädigen Gott-menschlichen Beziehung nehmen Recht und Gesetz nie den vordersten Platz ein, sondern sind immer eine Folge von Bund und Verheißung. Die Regel St. Benedikts kann nur unter diesem Blickwinkel zutreffend verstanden werden. Das Leben, für das sie Anweisungen erteilt, ist ein Leben der Liebe, wie es dem Taufbund entspricht, und die Regel weist hin auf ein Land der Verheißung jenseits ihrer selbst, schon auf dieser Erde.

Daniel Rees

25 Man kann sich viele Gedanken machen über die rechte Auslegung der Regel, über ihre Aktualisierung. Die beste Auslegung ist und bleibt die rechte Beobachtung der Regel im klösterlichen Alltag. An ihr sollte sich ablesen lassen, ob man wirklich die Regel achtet oder sich als ihr Veräch-

ter erweist (RB 65,18). Und wenn die Regel auch zuweilen als ein Joch drücken kann, so sollte doch die Freude darüber überwiegen, dass wir berufen sind, nach der Regel des hl. Benedikt zu leben und unter ihrer Anleitung „zum himmlischen Vaterland zu eilen“ (RB 73,8).

Judith Frei

26 Wir müssen anerkennen, dass die Regel St. Benedikts sich mit beneidenswerter Anpassungsfähigkeit den denkbar verschiedensten Aufgaben erfolgreich gewidmet, dass sie sich mehr als jede andere den Zeiten und Umständen eingefügt und mehr als einem Ordensstifter die Grundlagen der Gesetzgebung für eine neue Klostergründung gegeben hat. Eine Regel verfassen, die so weit ist, dass sie alles umfasst, so gewaltig, dass sie alles enthält, so unvergleichlich einfach, dass der ungelehrte Gote sie verstand und dass sie einen Gregor den Großen entzückte, eine Regel, die so vollkommen ist, dass sie kurz genannt wird „die Regel“, die eigentliche Ordensregel: Ist das nicht das Werk eines außergewöhnlich übernatürlich begnadeten Geistesmannes?

Paul Delatte

27 Die nicht zu erstickende Vitalität der Regel bis heute ist ein Zeichen ihrer Aktualität. Die Regel gleicht einem Lehrstuhl, der nicht vergeht, die

Wirkung ihrer Unterweisung erstrahlt auch – wie ehedem – außerhalb des streng klösterlichen Lebensraumes. Sie stellt im Kloster den idealen Entwurf der Stadt Gottes dar ... Die Schöpfung St. Benedikts erscheint als ein höchst unverfälschtes und kräftiges Abbild jener übernatürlichen Gemeinschaft, die Christus ermöglicht hat ... Der modernen Spiritualität ruft die Regel die klare Quelle und das nahrhafte Brot der Schrift und der Überlieferung der Väter ins Gedächtnis zurück, das ungezwungene und schlichte Ringen um das Gebet, frei von allem Druck seitens gewisser Schemata und Systeme, die sich für unerlässlich halten, des weiteren die harte Wirklichkeit der unvermeidbaren Teilhabe am Leiden Christi sowie der Verleugnung seiner selbst, im Gegensatz zu jedem Versuch, die Heiligkeit auf leicht verdauliche und wenig Unbehagen bereitende Pillen zu reduzieren.

Anselmo Lentini

28 Der Geist der Regel ist ein Geist des Unbefriedigtseins, der eher danach strebt, etwas dazuzugewinnen als aufzugeben, der die Observanzen eher zu verstärken als abzuschwächen sucht. Wenn auch Milderungen zugestanden werden, darf doch dieses Unbefriedigtsein und die Aufforderung, mehr zu tun, nicht aus dem Auge gelassen werden. Wenn man hier etwas heraushören will, wenn es eine Entwicklung gibt, die weitergeführt werden

muss, dann ist es gerade diese. Anstatt den Graben zu verbreitern, der seine Anweisungen von denen seiner Vorgänger trennt, lädt Benedikt seine Mönche ein, ihn aufzufüllen. Das letzte Wort seiner Regel ist eine Empfehlung der „Väter", eine Erinnerung an die früheren Observanzen, die mehr gefordert haben und die für ihn das Ziel bleiben, das es zu erreichen gilt.

Adalbert de Vogüé

29 *Der gute Eifer der Mönche*

Wie es einen bitteren und bösen Eifer gibt,
der von Gott trennt und zur Hölle führt,
so gibt es den guten Eifer, der von den Sünden trennt,
zu Gott und zum ewigen Leben führt.
Diesen Eifer sollen also die Mönche
mit glühender Liebe in die Tat umsetzen,
das bedeutet:
Sie sollen einander in gegenseitiger Achtung zuvorkommen;
ihre körperlichen und charakterlichen Schwächen
sollen sie mit unerschöpflicher Geduld ertragen;
im gegenseitigen Gehorsam sollen sie miteinander wetteifern;
keiner achte auf das eigene Wohl,
sondern mehr auf das des anderen;
die Bruderliebe sollen sie einander selbstlos erweisen;

in Liebe sollen sie Gott fürchten;
ihrem Abt seien sie in aufrichtiger und demütiger Liebe zugetan.
Christus sollen sie überhaupt nichts vorziehen.
Er führe uns gemeinsam zum ewigen Leben.

Aus der Regel des hl. Benedikt

März

1 Das Suchen nach Gott ist ein hohes Gut, die Erste der Gaben und der Letzte der Fortschritte. Es kommt zu keiner Tugend hinzu und keine kommt nach ihm. Zu welcher sollte es hinzukommen, wenn ihm keine zuvorkommt? Und welche sollte nach ihm kommen, wenn es doch die Vollendung aller ist? Denn welche Tugend könnte man einem zuschreiben, der Gott nicht sucht, oder welche Grenze dem Gottsuchen setzen? Sucht sein Antlitz allezeit (Ps 26,8), sagt der Psalmist. Ich glaube, selbst wenn man Gott gefunden hat, wird man nicht mit dem Suchen aufhören. Sogar das glückliche Finden lässt das heilige Verlangen nicht ersticken, sondern erstarken. Bedeutet etwa die vollendete Freude das Ende des Verlangens? Nein, Öl ist sie darauf, denn das Verlangen ist Feuer. So ist es: Die Freude wird einmal voll sein, aber das Verlangen wird kein Ende haben und deshalb auch nicht das Suchen.

Bernhard von Clairvaux

2 Der Mensch sucht etwas, das über ihm, jenseits und außerhalb seiner selbst liegt. Er streckt sich danach aus, diese Wirklichkeit, dieses Transzendente, dieses Absolute zu ergreifen. Und

es stellt sich als tiefreichendste Wahrheit heraus, dass diese Wirklichkeit und diese Transzendenz ein lebendiger, ein personaler und unendlicher Gott ist. Wir alle erfahren dieses Suchen und diesen Hunger – der eine mehr, der andere weniger. Aber das ist unsere menschliche Weise, eine noch intensivere Suche und einen noch größeren Hunger zu beschreiben und zu erfahren: Gottes Suche und Hunger nach uns.

Basil Hume

3 Was sucht also jener Mann, den wir oben mit dem Psalm (= Ps 119,176: Ich bin verirrt wie ein verlorenes Schaf; suche du deinen Knecht) zu Wort kommen ließen? Nichts anderes als die Gnade, gesucht zu werden. Und er würde das nicht suchen, wenn er nicht schon gesucht worden wäre; und er würde es auch nicht suchen, wenn er schon genügend gesucht worden wäre.

Bernhard von Clairvaux

4 Das Angesicht Gottes suchen, das ist Frömmigkeit. Wer diese nicht besitzt, hat seine Seele vergeblich erhalten. Er lebt umsonst, oder er lebt überhaupt nicht, weil er nicht das Leben lebt, um dessentwillen er seine Seele erhalten hat, um darin zu leben.

Wilhelm von St. Thierry

5 O wunderbares Geschöpf, einzig deinem Schöpfer bist du untergeordnet, doch wohin erniedrigst du dich? Liebst du die Welt? Du selbst bist größer als sie. Bist erhabener als sie! Kein Geschöpf ist geheimnisvoller als du. Liebe nur den, der dich über die ganze Welt gesetzt, nicht dich ihr unterworfen hat … Dir hat er alles unterworfen, um dich mit Ehren zu überhäufen, zum Genuss der Seligkeit aber hat er sich selbst für dich aufgespart. Warum also jagst du flüchtigen Schönheiten nach? Deine wahre Schönheit verblasst nicht im Alter, sie wird weder durch Armut befleckt noch durch Krankheit entstellt, ja nicht einmal im Tod erlischt sie. Such nur weiter, was du suchst, bloß nicht dort, wo du suchst.

Aelred von Rievaulx

6 Zu Gott emporsteigen bedeutet in sich selbst eingehen.

Alcher von Clairvaux

7 Diese Seelen (= die eine Neigung zum inneren Leben haben) fühlen sich angetrieben, Gott innerlich zu suchen und infolgedessen nach zwei Dingen zu streben. Erstens nach der Einfachheit der Seele selbst, einer Entblößung von allen geschaffenen Bildern, die allein fähig macht zur unmittelbaren Vereinigung mit der göttlichen Einfachheit. Zweitens nach der Einfachheit der reinen

Gottheit, losgelöst von allen Körpern oder geschaffenen Bildern. Daher kann die Seele auch keinerlei verstandesmäßige Erwägungen zulassen, denn diese müssen aus sinnlichen Vorstellungen bestehen; oder wenn sie sie zulässt, dann nur als Stufen, auf denen sie nicht lange verweilt, sondern über die sie zur Gottheit fortschreitet, die leer ist von Bildern.

Augustine Baker

8 Was immer wir außer Gott suchen, das sättigt den Geist nicht, sondern bedrückt ihn nur. Gott allein kann all dein Verlangen erfüllen. In ihm allein wirst du die wahre Ruhe finden. Er ist das Eine Notwendige (Lk 10,42), er ist das höchste Gut. In ihm erreicht alles Schöne und Gute seine Vollkommenheit und Erfüllung. Ihn allein wollen wir daher allen Ernstes ersehnen und suchen.

Ludwig Blosius

9 Das also ist unser höchstes und einziges Ziel: Wir müssen Gott suchen; aber nicht so, wie wir ihn aus der Schöpfung erkennen, sondern so, wie er sich uns geoffenbart hat. Für uns Christen heißt Gott suchen nicht bloß ihm zustreben, wie jedes Geschöpf seinem Urheber und letztem Ziele zustrebt, nein, wir müssen ihn suchen auf übernatürliche Weise als Kinder, die dem Vater geeint sein wollen in völliger Liebeshingabe und in jener ge-

heimnisvollen „Teilnahme an der Natur“ selbst, von der der hl. Petrus spricht (2 Petr 1,4). Durch diese Art des Gottsuchens erlangen wir eine so tiefinnige Vertrautheit mit den drei göttlichen Personen, dass der hl. Johannes diese als eine Vereinigung mit dem Vater und dem Sohn in dem Heiligen Geiste nennt (1 Joh 1,3).

Columba Marmion

10 Fürchten will ich dich, Gott meinen Herrn; wer wird mir helfen, wenn vor dir ich stehe und wer mich befreien bei deinem schreckenerregenden Gericht? Kein einziger, nur du selbst, der gerechte Gott. Dich will ich suchen und immer mich zu dir flüchten. Ich werde mich nicht beeinflussen lassen von meinem verkehrten Eigenwillen. Zurückkehren will ich zu dir, meinem Vater, dem nicht gehorchen wollte der Teufel. Glauben will ich an dich, meinen Herrn, den Einen in drei Personen, dich verherrlichen und verehren und mein Vertrauen dir schenken. In Ewigkeit trage ich deinen Namen im Herzen.

Hildegard von Bingen

11 Nun sei es, Menschlein, fliehe ein wenig die Beschäftigung mit dem Irdischen, verbirg dich ein wenig vor deinen lärmenden Gedanken, wirf deine lästigen Sorgen weg, und setze deine mühseligen Zerstreuungen beiseite! Sei ein wenig für

Gott da, ruhe dich ein wenig in ihm aus! Gehe in das Gemach deines Geistes hinein, schließe alles aus außer Gott und dem, was dir ihn suchen hilft! Suche ihn bei verschlossener Türe.

Anselm von Canterbury

12 Alles musst du verlassen und einzig Gott suchen, ihn, der dich liebt und von dir geliebt werden will. Aber jeden, den du verlässt, musst du mitnehmen in deine Einsamkeit und ihn bei dir haben, um mit allen geborgen zu sein in Gott. Sooft du überflüssig wirst, öffnet sich dir die Türe von Gott her und zu Gott hin. Vergiss nicht, ihn hereinzulassen und zu ihm hinzugehen, dass er bei dir sei, dass du bei ihm seiest, der dich liebt und auf dich wartet, dass du all den Vielen vorangehest, denen du notwendig bist als Wegbereiter zu ihm.

Raphael Hombach

13 Herr, ich will dich suchen, dich in Liebe suchen, denn wer in der Liebe zu dir Fortschritte macht, der sucht dich ganz gewiss. Wer dich aber vollkommen liebt, Herr, der ist es, der dich bereits findet. Was ist natürlicher, Herr, als dass dein Geschöpf dich liebt? Es hat doch sogar die Fähigkeit von dir empfangen, dich lieben zu können.

Aelred von Rievaulx

14 Wer sich aufmacht, Gott zu suchen, gerät in ein Spannungsfeld. Sein selbstentworfenes Konzept, die Ich-Inflation eines religiösen Narzissmus wird ihm von der Unbegreiflichkeit Gottes durchkreuzt. Gott stellt sich nicht auf Kommando für erbauliche Anmutungen und würdevolle Selbstzelebration zur Verfügung … Der Weg führt durch die Wüste menschlicher Blöße und Ohnmacht. Dort verliert man alles, was nicht Gott ist. Bisher geschickt getarnter Selbstbetrug wird entlarvt … Eine spirituelle Frustration ist unvermeidlich, solange ein falsches Selbstbewusstsein mit seinen kleinen oder größeren Ambitionen die wahre Identität, das lebendige Bild Gottes im Menschen verdeckt.

Georg Braulik

15 Zunächst ist es Gott, der nach dem Menschen verlangt. Er kommt uns zuvor. In Jesus Christus ist sein Suchen nach dem Menschen sozusagen leibhaftig geworden. Benedikt beschreibt, wie der Herr in der Menge seine Arbeiter sucht (Prol 14), wie Christus als guter Hirt das verlorene Schaf sucht und ihm nachgeht (27,8). Ambrosius bittet den Herrn: „Suche mich, denn ich suche dich auch, suche mich, finde mich, nimm mich auf!“

Aquinata Böckmann

16 Zeit meines Lebens wird dieses „Kehr zurück!“ (Hld 2,17) ein Wort sein, das ich oft gebrauchen werde, um das *Wort* zurückzurufen. Und so oft es mir wieder entgleitet, so oft werde ich diesen Ruf wiederholen. Ich werde nicht aufhören, mit der glühenden Sehnsucht meines Herzens zu schreien, wie man einem Davonlaufenden nachschreit, damit es wieder umkehrt und mir wieder die Freude seines Heils schenkt, mir sich selber schenkt.

Bernhard von Clairvaux

17 Seltsam nur, dass der Mensch sich nicht abfinden kann mit dem Alleingelassensein. Mag der Himmel vermauert sein und die Technokratie für sämtliche Welträtsel Entproblematisierung offerieren – „das ist es nicht“, sagen wir zuletzt immer wieder. „Tief innen im Menschen spricht und treibt oft etwas, uns fast unbewusst“ (Brahms). Das lässt sich nicht abwürgen noch abspeisen. Und bisweilen wird es laut wie ein verzweifelter Schrei, mit dem der suchende Mensch den Teufelskreis des nur Hiesigen durchbrechen will.

Corona Bamberg

18 Was sagt uns Benedikt darüber, wie wir „Gott suchen“ sollen und wie wir ihn finden können? Eine alte Legende erzählt von einem Rabbi, zu dem ein Schüler kam mit der Frage: „Meister, früher gab es Menschen, die Gott von Angesicht zu

Angesicht gesehen haben, die ihn gesprochen, erfahren und erlebt haben. Warum gibt es das heute nicht mehr?" Der Rabbi schwieg. Nach einiger Zeit sagte er: „Weil sich niemand mehr so tief bücken kann." Wenn wir Gott finden wollen, müssen wir uns jene Haltung zu eigen machen, die Benedikt mit „humilitas – Demut" bezeichnet.

Emmanuel Heufelder

19 Wie soll man sich das Interesse der mittelalterlichen Mönche am Hohenlied erklären? … Das Hohelied ist der dichterische Ausdruck der Gottsuche, also des Grundprogramms des monastischen Lebens: quaerere deum (Gott suchen); dieses Suchen vollendet sich erst in der Ewigkeit; aber schon jetzt findet es wahrhafte Befriedigung durch ein dunkles Besitzen; dieser dunkle Besitz vermehrt seinerseits das Verlangen – und das Verlangen ist auf dieser Erde die Gestalt der Liebe. Das Hohelied ist ein Gespräch zwischen Bräutigam und Braut, die sich suchen, sich anrufen und gegenseitig nähern – und sich doch getrennt sehen, wenn sie meinen, vor der endgültigen Vereinigung zu stehen.

Jean Leclercq

20 Der Bräutigam (= Gott oder Christus) verbirgt sich, wenn man ihn sucht, damit die Braut (= Mensch oder Seele), da sie ihn nicht findet, ihn mit doppeltem Eifer suche. Und die Braut wird bei ih-

rer Suche aufgehalten, damit durch diese Verzögerung ihre Fähigkeit wachse, Gott in sich aufzunehmen, und damit sie eines Tages das, was sie suchte, in um so größerer Fülle finde.

Gregor der Große

21 Benedikt sieht ... mit Basilius († 379) die entscheidende Grundforderung nicht in äußeren Leistungen, sondern im „Gott-suchen". Der Kappadokier spricht von einer „brennenden, nie zu stillenden Sehnsucht, Gott zu gefallen". Zur Verwirklichung dieses zentralen Anliegens führt nach ihm das „Suchen, das heißt jene Erkenntnis, durch die wir die Größe der Herrlichkeit Gottes tief innerlich schauen und betrachten dürfen, im heiligen und lauteren Gedenken an die von uns erfahrene Güte Gottes". Daraus erwächst die Liebe zu Gott, die ihn sehnsuchtsvoll sucht. Das „Gott-suchen" ist die Antithese zu einem praktischen Atheismus, es ist der Kern eines „alternativen Lebens", das aus einem existentiellen Angesprochensein, ja einer intuitiven Schau der überwältigenden Größe wie der faszinierenden Liebenswürdigkeit Gottes stammt.

Georg Holzherr

22 Vor allem ermahne ich dich, dass du oft und ernsthaft darüber nachdenkst, warum du ins Kloster gekommen bist, um nämlich – tot für die Welt und für dich – allein für Gott zu leben. Wenn

du etwas anderes als Gott im Kloster suchst und dich nicht mit allen Kräften um ein vollkommenes Leben bemühst, bist du kein Mönch.

Ludwig Blosius

23 Gott ist die Wahrheit, und er verlangt von denen, die ihn suchen, dass sie ihn im Geist und in der Wahrheit suchen. Wenn wir Gott nicht vergeblich suchen wollen, müssen wir wahrhaftig suchen, häufig suchen und beharrlich suchen, so dass wir nicht statt seiner etwas anderes suchen noch mit ihm etwas anderes, noch von ihm zu etwas anderem übergehen. „Eher werden" nämlich „Himmel und Erde vergehen" (Lk 16,17), als dass einer, der so sucht, nicht findet, der so bittet, nicht empfängt und dass einem, der so anklopft, nicht geöffnet wird (Mt 7,8).

Bernhard von Clairvaux

24 Vor Grundlegung der Welt habe ich, o Mensch, um dich gewusst. Weshalb verachtest du mich? Habe ich dir nicht meine Propheten gesandt und meinen Sohn am Holz des Kreuzes für dein Heil dahingegeben? Habe ich nicht meine Apostel beauftragt, dir durch die Frohbotschaft den Weg der Wahrheit zu zeigen? Du hast also keine Entschuldigung, als hätte ich nicht alles Gute für dich bereitgelegt. Weshalb schiebst du mich beiseite? Du Tor, überlege, wer ich bin. Bedenke, dass ich

das höchste Gut bin und dir alles Gute schenke, wenn du mich in Liebe suchst, mich, Gott über allem und in allem.

Hildegard von Bingen

25 Einst sprach der Herr zu ihr: „Suche mich mit deinen fünf Sinnen und mache es wie ein Gastfreund, der beim Nahen eines ganz lieben Freundes aus Fenster und Türen Ausschau hält, ob er wohl schon irgendwo den Ersehnten erspähen kann. So soll die treue Seele in ihren fünf Sinnen, die ihre Fenster sind, mich allezeit suchen. Erblickt sie etwas Schönes und Liebliches, denke sie, wie schön, liebenswert und gut derjenige ist, der dies gemacht hat, und so strebe sie geradewegs zu ihm, der alles erschuf."

Mechtild von Hackeborn

26 Auf dem Wege zum Glauben braucht man gewöhnlich Zeit und Ruhe. Die moderne Fleißbesessenheit wird Gott schwerlich finden. Für viele ist in diesem Sinne eine Erkrankung, die sie aus ihrer Beschäftigung und Geschäftigkeit herausreißt und ihnen Zeit zum Nachdenken bringt, ein großer Segen. Andere Pförtnerinnen des Heiles sind Trockenheit des Geistes und Verlassenheit des Herzens. Sie nehmen die Freude an den vergänglichen Dingen und bringen geistige Not. Not aber lehrt beten und stellt oft die Beziehung des Menschen

zu Gott wieder her. Beides nun kam über mich: Krankheit und Geistesdürre. Am ersten mag Überernährung und unmäßiges Schlafen schuld gewesen sein. Essen und Schlafen waren aber auch die einzigen Mittel gegen die ratlose und unbegreifliche Unruhe meines Herzens, dem ein unbekanntes „Etwas" fehlte.

Willibrord Verkade

27 „Ob er wirklich Gott sucht – si revera Deum quaerit" (RB, Kapitel 58), war *die* Testfrage an den Eintretenden. Es blieb die Frage aller Fragen im Mönchtum und das ganze Mönchsleben hindurch. So ist es bis heute. Der Theozentrismus unserer Berufung kann im Ernst nicht bestritten werden. Das „Gott alles und in allem" (1 Kor 15,28) muss durch alles hindurchscheinen, was der Christ im Mönchtum tut, was ihn erfüllt oder beschwert, sollen unsere Klöster ihre Daseinsberechtigung behalten und erweisen. Sie sind und sie müssen Stellen bleiben, an denen der kommende Aion sichtbar in die Zeit hineinragt und seine verpflichtende Kraft erweist.

Corona Bamberg

28 Hier (auf Erden) manifestiert und offenbart Gott sich nicht, damit wir uns in seiner Schau erbauen, sondern er entzündet uns, damit wir ihn suchen; er tut sich uns nicht kund, um uns hier

unsern Durst zu stillen, sondern um ihn hervorzubringen. Es heißt ja: „Ich will mich satt sehen an deiner Gestalt, wenn deine Herrlichkeit erscheinen wird“ (Ps 16,15). Für die Zwischenzeit gilt: „Meine Seele dürstet nach Gott, dem lebendigen Quell“ (Ps 41,3). Wem nämlich das, was er sieht, bereits genügt, der verliert dadurch gerade das, was er nicht mehr weiter sucht.

Isaak von Stella

29 In einem wahrhaft lapidaren, wohl von der Psalmenfrömmigkeit eingegebenen Satz (vgl. Ps 68,33) spricht die Regel ... den tiefsten Sinn des Mönchslebens aus: „Gott wahrhaft suchen“. Das „Gottsuchen“ des Mönches schließt den Verzicht auf die Welt und auf den Eigenwillen und die restlose Hingabe an Christus in sich ein. Dem „Gottsuchen“ des Mönches ging „das Suchen Gottes in der Menge des Volkes“ voraus (vgl. Vorwort): Der Herr „sucht“, lädt ein, mahnt, rüttelt auf, klopft an, ohne jedoch zu zwingen ... Das wahre „Gottsuchen“ des Menschen besteht nicht im Streben nach außerordentlichen Gnaden und Gaben, sondern in der völligen Bereitschaft zum „Werk für Gott“, zum mühevollen monastischen Leben, zum Gebet, zum Gehorsam, zu Verdemütigungen. „Gottsuchen“ bedeutet für den Mönch zuerst Teilnahme an der Passion, dann an der Herrlichkeit des Herrn (vgl. Vorwort, Schluss).

Basilius Steidle

30 Lieber Bruder, du willst Gott mit deinem ganzen Leben suchen und ihn mit deinem ganzen Herzen lieben. Aber es wäre ein Irrtum zu meinen, du könntest Ihn erreichen. Deine Arme sind zu kurz, deine Augen zu schwach, dein Herz und Verstehen zu klein … Aber auch wenn du kein Zeichen, kein Wort von Ihm erhältst, wirst du Ihn doch erkennen. Sogar Seine Abwesenheit ist voll vom Geheimnis seiner unendlichen Größe. Er kann dir helfen, nicht irgendein von dir gemachtes Bild zu suchen noch ihm zu dienen. So verliere nie den Mut, sondern suche Ihn weiter in allen Dingen, in allen Menschen – sie alle sind ein Unterpfand, dass du schließlich Ihn finden wirst.

Brakkenstein Community

31 Was steht … im Zentrum unserer Berufung? Ein Erforschen des Mysteriums, das Gott ist. Ein Streben danach, seine Wirklichkeit zu erfahren. Deshalb werden wir Mönche. Das Forschen ist eine lebenslange Angelegenheit. Und wenn wir am Ende unseres Lebens anlangen, ist die Aufgabe nicht vollendet. Was Gott Ihnen auch immer als Erfahrung gewähren wird, es bleibt begrenzt und blass im Vergleich zu dem, wozu wir letztlich bestimmt sind … Die Haltung, die ein Mönch sein Leben lang haben muss, wenn sein Forschen echt und seine Suche erfolgreich sein soll, ist die des Horchens und Schauens. Sie müssen täglich dar-

um bitten, dass der Geist Gottes – die Kraft Christi – Ihre Ohren öffne und Ihre Blindheit heile, damit Sie in allen Lagen und Ereignissen fähig sind, Gottes Stimme zu hören und in allem, was über Sie kommen mag, etwas von ihm zu erblicken.

Basil Hume

April

1 Mein Gott, nun stehe mir zur Seite! Dich suche ich, dich liebe ich, dich bekenne ich mit Herz und Mund, dich lobe ich nach Kräften, dich bete ich an. Mein Gemüt ist dir geweiht und entbrennt in Liebe zu dir. Ich seufze nach dir und schmachte nach dir. Dich allein verlange ich zu sehen. Nichts ist mir lieber, als von dir zu reden, von dir zu hören, von dir zu schreiben, von dir zu erzählen, deine Herrlichkeit häufig im Herzen zu erwägen, damit ich unter diesen Wirrsalen ein wenig ausruhe beim süßen Gedanken an dich.

Johannes von Fécamp

2 O mächtiger Vater, wir sind jetzt in großer Not, drum flehen wir, flehen dich an durch dein Wort, durch das du uns alles in Fülle gewährst, was wir zu unserem Leben brauchen: Blicke nun, Vater, wie es deinem Namen entspricht, nieder auf uns und hilf uns, dass wir nicht ganz zugrunde geh'n und dein Name in uns nicht verdunkelt werde. Würdige dich, uns zu Hilfe zu kommen durch diesen deinen heiligen Namen!

Hildegard von Bingen

3 So gib mir nun, o Herr, der du dem Glauben auch die Einsicht verleihst, gib mir, so weit du es als zuträglich weißt, die Erkenntnis des Verstandes, dass du bist, wie wir glauben, und dass du das bist, was wir glauben. Wir glauben aber von dir, dass über dich hinaus Größeres nicht gedacht werden kann. Oder gibt es etwa kein solches Wesen, weil der Tor in seinem Herzen spricht: Es ist kein Gott ... Daher ist zweifellos etwas, worüber hinaus Größeres nicht gedacht werden kann, sowohl dem Denken als der Sache nach wirklich. Der Schlusssatz ... ist so wahr, dass das Nichtsein Gottes nicht einmal gedacht werden kann ... Es gibt also wahrhaft etwas, über das hinaus Größeres nicht gedacht werden kann, derart, dass nicht einmal der Gedanke an dessen Nicht-Sein möglich ist. Und das bist du, Herr, unser Gott. So also bist du, Herr, mein Gott, wirklich, dass dein Nicht-Sein gar nicht gedacht werden kann.

Anselm von Canterbury

4 Dank dir, guter Herr, Dank dir! Denn was ich zuvor durch deine Gnade glaubte, sehe ich kraft deiner Erleuchtung jetzt so ein, dass, selbst wenn ich nicht glauben wollte, dass du das Sein besitzt, ich es doch einsehen müsste. Was bist du also, Herr und Gott, im Vergleich zu dem ein Größeres undenkbar ist? Was anderes als das Höchste aller Dinge, das aus sich selbst Sein hat und alles

andere aus nichts erschaffen hat? Denn alles, was dieses nicht ist, ist nicht das denkbar Höchste. Dass du nicht das denkbar Höchste bist, darf man aber von dir nicht denken. Welches Gut sollte also dem höchsten Gut fehlen, durch das jedes Gut Sein hat? Du bist also gerecht, wahrhaftig, selig und was immer besser ist zu sein, als nicht zu sein.

Anselm von Canterbury

5 Was der Beschauliche im Intellekt erfährt, könnte man einen Akt der Unwissenheit nennen, oder die Empfindung, dass man den Verstand verloren hat. Solche Gedanken kommen aber erst durch Überlegung. Man fragt sich dann nur noch: „Was meine ich denn um Himmels willen, wenn ich sage, ich verlange nur nach Gott und nach nichts anderem?“ Die einzige Antwort lautet da: „Ich meine überhaupt nichts.“ „Was verstehe ich denn unter ‚Gott‘?“ „Ich habe keine Ahnung.“ Dies ist die ganze Beschreibung, die ich vom beschaulichen Gebet auf seiner niedrigsten Stufe geben kann.

John Chapman

6 So ist für die Seelen, für die alle anderen, besonders die sinnlichen Dinge eng und ungeeignet sind, die Gottheit der unendliche, tiefe Mittelpunkt oder Ruheplatz. Die Gottheit ist das angemessene, weite Element, in dem die Seele Leben, und zwar unendliches Leben, finden kann.

Außerhalb dieses Elementes ist sie wie ein Wal, der in einem Bach gestrandet ist: das große Geschöpf hat keinen Platz, zu schwimmen und zu tauchen ... So sehnt sich die beschauliche Seele kraft ihrer Neigung ständig nach ihrem Mittelpunkt und Element, der einfachen Gottheit. Sie ruht weder in Kreaturen noch in deren Bildern, denn diese sind weder ihr Schwerpunkt noch ihr Element. Sie dürstet nach der unendlichen Weite Gottes, die allein sie befriedigen und in der allein sie sich sicher fühlen kann.

Augustine Baker

7 Wenn die Seele auf diese Weise in die weite Einsamkeit der Gottheit eingegangen ist, verliert sie sich in ihrer Glückseligkeit selbst. Erleuchtet vom Glanz dieses lichten Dunkels, verliert sie jede Erkenntnis im Überschwang dieser Erkenntnis, und wird in eine Art weise Unwissenheit versetzt. Wenn sie in diesem Zustande auch nicht weiß, was Gott ist, mit dem sie in reiner Liebe vereinigt ist, und ihn auch nicht so sieht, wie er in seiner Herrlichkeit ist, so erfährt sie doch, dass er alles Sinnenfällige und alles, was sich von Gott schreiben, sagen oder durch die menschliche Erkenntnis begreifen lässt, unendlich übersteigt. Sie erlebt selbst, wie viel besser es ist, sich ohne bildhafte Anschauung in ihn zu versenken, anstatt ihn mit Hilfe auch noch so edler und göttlicher Bilder und Gleichnisse zu betrachten.

Ludwig Blosius

8 Gott unser Herr ist in unserem Inneren innerlicher gegenwärtig als wir selbst. Er durchdringt mit seiner Macht, Gegenwart und Wesenheit das Mark und die Wurzel unserer Gedanken, der Absichten unseres Herzens und des Bewusstseins unseres Gemütes. Wir wären gar nicht, wenn wir nicht in ihm wären; und wir hätten kein Dasein, wenn nicht er in uns wäre – wie es in der Apostelgeschichte heißt: „In ihm leben wir, bewegen wir uns und sind wir" (17,28). Denn als er uns aus Nichts schuf, schuf er uns in sich selbst, da es ja keinen Ort oder sonst etwas außerhalb ihm gibt.

Johannes von Kastl

9 Der treue Gott, das wahrhaftige Amen, der niemals untreu wird, lasse mich brennend dürsten nach dem teuren Amen, wodurch er selbst alles bewirkt. Und er lasse mich kosten das süße Amen, durch das er alles neu schafft, und er lasse mich glücklich vollendet werden in jenem heilswirkenden Amen, wodurch er alles zur Vollendung bringt. Damit ich verdiene und fähig bin, das ewige Amen zu erkennen und zu erfahren, das unendlich süße, von dem ich glaube, es nach dieser Verbannung zu sehen: das wahre Amen selbst, Jesus, den Sohn Gottes. Ihn, der allein dem Liebenden genügt und der zusammen mit dem Vater und dem Heiligen Geist alle guten Gaben schenkt. Der nicht verachtet, was er geschaffen. Amen. Amen. Amen.

Gertrud von Helfta

10 Ich kann mich vor Freude nicht fassen, dass jener erhaben Große sich nicht zu gut ist, um sich zu einer derart vertraulichen und zärtlichen Gefährtenschaft mit unserer Schwachheit herabzuneigen. Die höchste Gottheit schließt einen Ehebund mit der Seele, die in der Verbannung weilt; sie glaubt nicht, es sei unter ihrer Würde, der Seele die Gefühle eines Bräutigams entgegenzubringen, der über beide Ohren verliebt ist. So, ja so muss es zweifellos im Himmel sein, wie ich es hier auf Erden lese … Was, glaubst du, wird sie (= die Seele) erst dort empfangen, wenn ihr schon hier eine derart vertraute Nähe zuteil wird, dass sie sich von Gott in die Arme geschlossen erfährt, an Gottes Brust seine Wärme spürt und von Gottes Sorge und Umsicht behütet wird, damit sie beim Schlafen nicht von jemandem aufgeweckt wird, bis sie von selbst erwacht?

Bernhard von Clairvaux

11 Wenn die Seele ihren Schöpfer schaut, wird ihr die ganze Schöpfung zu eng. Hat sie auch nur ein wenig vom Licht des Schöpfers erblickt, wird ihr alles Geschaffene verschwindend klein. Denn im Licht innerer Schau öffnet sich der Grund des Herzens, weitet sich in Gott und wird so über das Weltall erhoben. Die Seele des Schauenden wird über sich selbst hinausgehoben. Wenn das Licht Gottes sie über sich selbst hinausreißt, wird

sie in ihrem Inneren ganz weit; wenn sie von oben hinabschaut, kann sie ermessen, wie klein das ist, was ihr unten unermesslich schien.

Gregor der Große

12 Gott ist das unermessliche Geheimnis, das nur als Geschenk empfangen werden kann. Wenn du Gott erfahren willst, hüte dich, dass du von Gott nicht zu klein denkst und dich betrügst! Gott schenkt sich dir, wenn du glaubst, dass Gott Liebe ist, und wenn du in Liebe gehorsam bist. Wenn du glaubst, dass Gott Liebe ist, und wenn du in Liebe gehorsam bist, findest du ihn, den du suchst. Lass dich beschenken und glaube und liebe und sei gehorsam! Gott kann nur als Geschenk empfangen werden, weil er das unermessliche Geheimnis ist.

Raphael Hombach

13 Agape (= Liebe) ist … kein in sich verschlossenes Sein, sondern lebendig quellende und urtümlich schöpferische Wirklichkeit, die, zwar in sich gefestigt und erfüllt, dennoch stets auf den anderen hin ist, um mit ihm Gemeinschaft einzugehen. Sie ist so fruchtbar, dass sie, falls sie niemand hat, den sie lieben kann, liebend den Geliebten zeugt, damit sie sich mit ihm vereinen kann; denn Einheit zu stiften ist ihr innerstes Wesen. Darum ist sie das väterliche Urprinzip, dem alles im tiefsten und letzten Grund das Sein verdankt. Von

daher leuchtet uns die Vaterschaft Gottes ein. Gott ist „Vater“ nicht nur im bildlichen, sondern gerade auch in der durchaus wesenhaften Bedeutung dieses Wortes als der Zeugende und Erhaltende … Denn er ist die Liebe im Sinne der urseienden und urquellenden Agape.

Viktor Warnach

14 Du liebst uns also in dem Maße, als du uns zu deinen Liebhabern machst. Und wir lieben dich in dem Maße, als wir von dir deinen Geist empfangen, der deine Liebe ist, der in alle verborgenen Tiefen unserer Neigungen eindringt und sich ihrer bemächtigt, um sie vollkommen auf deine wahre Reinheit und deine reine Wahrheit hinzuwenden, zum vollen Einklang mit deiner Liebe. Und so innig wird die Verklammerung, so fest das Anhangen, so voll der Genuss deiner Wonne, dass er von unserem Herrn, deinem Sohn, selbst „Einssein“ genannt wird, da er sagt: Damit auch sie eins seien in uns; ja von solcher Würde und Herrlichkeit, dass er fortfährt und sagt: „So wie ich und du eins sind.“

Wilhelm von St. Thierry

15 Dort nämlich, in der Dreieinigkeit, die Gott ist, schauen einander der Vater und der Sohn; ihre gegenseitige Schau ist die Einheit ihres Wesens, und das Sein des einen ist dasselbe wie das

des anderen. So werden auch diejenigen, die dazu vorherbestimmt sind und zu dieser Schau aufgenommen werden, Gott sehen, wie er ist, und werden so beschaffen sein, wie er ist, ihm ähnlich. Wie nämlich im Vater und im Sohn die Schau dasselbe wie deren Einheit ist, so wird auch in Gott und im Menschen die Ähnlichkeit gleich der Schau sein. Der Heilige Geist, die Einheit des Vaters und des Sohnes, ist auch die Liebe und die Ähnlichkeit zwischen Gott und den Menschen.

Wilhelm von St. Thierry

16 „Ich bin, der ich bin" – das ist der Name, die Bezeichnung, die der Gott der Offenbarung in der Wüste von den Flammen des brennenden und nicht verbrennenden Dornbusches aus sich selber gibt. Und das „Ich, Jahwe, euer Gott", klingt in allen Formen durch alle Offenbarungszeit, bis hinein ins Neue Testament, wo der Vater vom Himmel ruft: „Dies ist mein geliebter Sohn, an dem ich mein Wohlgefallen habe", und wo der Ewige, der Herr und Gott, in der Geheimen Offenbarung die überwältigenden Worte spricht: „Ich bin das Alpha und das Omega, der Anfang und das Ende, der ist und war und kommen wird, der Allmächtige". Gott, mit anderen Worten, ist das absolute Ich, er ist der personale Gott.

Daniel Feuling

17 Du ewiger Sonnenstillstand (Jos 10,13), du sichere Wohnung (Ps 4,9; Jes 32,18), du Ort allen Glücks, du ewiges Paradies, du bist wie ein Strom unschätzbarer Freuden, du bist wie ein blühender, duftender Frühling, wie eine zauberhaft lockende, beseligend ergreifende Melodie. Du bist die Luft, die das Leben spendet. Selig, tausendmal selig zu preisen ist der, der von deiner Gnade geführt, mit unschuldigen Händen und reinem Herzen (Ps 24,4) und reinen Lippen (Jes 6,5.7) dir nahen darf. Was darf er schauen, was darf er hören, riechen, schmecken, was fühlen! Aber die Zunge des Menschen kann nur stammeln.

Gertrud von Helfta

18 In der Heiligen Nacht ehrte sie so viel sie vermochte die höchste Dreifaltigkeit mit ihrem Lobpreis. Da erblickte sie in der Entrückung des Geistes einen lebendigen Brunnen, glänzender als die Sonne, der, in sich selber und aus sich selber strömend, einen wundersamen Wohlgeruch von sich ausgehen ließ. Das Brunnenhaus war aufs gediegenste und kostbarste gearbeitet, und der Brunnen hatte sein Schöpfgefäß in sich selber; er trank sich selber, ohne Vermittlung eines menschlichen Werkes, und er teilte sich allen Wesen verschwenderisch mit. Im festgegründeten Brunnenhaus sah sie einen Hinweis auf die Allmacht des Vaters; im Schöpfgefäß einen solchen auf die ungeschaffene Weisheit des

Sohnes Gottes … die Süße des Wassers aber stellte dar die unsagbare Süßigkeit und Güte des Heiligen Geistes. Die herrliche Luft besagte, dass Gott das Leben aller Dinge ist, denn wie der Mensch nicht leben kann ohne Luft, so lebt keine Kreatur ohne Gott.

Mechtild von Hackeborn

19 Herr, himmlischer Vater, zwischen dir und mir geht immerfort ein unbegreifliches Atmen, worin ich viele Wunder und unaussprechliche Dinge erkenne und sehe … O du brennender Berg, du auserwählte Sonne, du voller Mond, du grundloser Brunnen, du unerreichbare Höhe, du Klugheit ohne Maß, Weisheit ohne Grund, Barmherzigkeit ohne Hinderung, Stärke ohne Widerstand, du Krone aller Ehren … Du bist die Sonne aller Augen und die Lust aller Ohren, du bist die Stimme aller Worte und die Kraft aller Frömmigkeit, du bist die Lehre aller Weisheit, das Leben in allem Lebenden und die Ordnung alles Seienden … Du bist mein Spiegelberg, eine Augenweide, ein Verlieren meiner selbst, ein Sturm meines Herzens, meine höchste Sicherheit.

Mechtild von Magdeburg

20 Es liegt also an mir, wie viel mir Gott aufgeht, wie viel er auf mich zukommt, in mich eingeht, aus dem Wort und Geist der Regel, je nachdem ich lebendig bin. „Gott ist ein Gott der Lebendigen und nicht der Toten“ (Mt 22,32). Er ist der

Gott Abrahams, der Gott Isaaks und der Gott Jakobs. Da wird man still, wenn man sich das überlegt. Derselbe, der Abraham rief, ruft mich. Derselbe. Ruft mich all die Zeit, ruft mich weiter zu sich. Einen Tag lang nichts anderes überlegen … Nichts anderes als alles vergessen und den Gott Abrahams hören auf mich hin, den Gott Isaaks, den Gott Jakobs. Wieder schieben sich Wände auf, welche Weite, welche Fernsicht, und wie rückt alles zusammen. Die ganze Menschheitsgeschichte rückt ins Jetzt des Abrahamsrufes an uns, an jeden von uns. Da kann man nichts mehr lesen über Gott.

Silja Walter

21 Monastisches Leben heißt Dasein in Gott. Wir sind eingetaucht in ein Geheimnis: Vor uns, in uns und über uns ist Einer. Gott ist. Er ist da, und er spricht. Er spricht zu dir, und du lebst in seiner Obhut. Der Mönch setzt alles daran, in der Gegenwart eben dieser Person, der Person schlechthin zu leben. Sie ist gleichwohl das „Du“, dem seine ganze Liebe sich zuwendet, und das „Ich“, das zuerst in reiner Liebe sich ihm schenkt. Gott hat dich bei deinem Namen gerufen, und du kannst es wagen, ihn mit seinem Namen anzusprechen. Du weißt, dass dein eigener Name in die Hände Gottes eingeschrieben ist, und du lässt den Herrn seinen Namen auf deine Stirn schreiben, sein Gesetz in deine Hand.

Jerusalem-Gemeinschaften

22 Eine der größten Offenbarungen, welche unser Herr und Heiland durch seine Menschwerdung uns gemacht hat, ist diese, dass Gott ein unendliches Verlangen hat, sich unseren Seelen mitzuteilen, um deren Glückseligkeit zu sein. Gott hätte die ganze Ewigkeit in der fruchtbaren Einsamkeit seiner dreieinigen Gottheit verbleiben können; er brauchte das Geschöpf nicht; denn ihm mangelt nichts, ihm, der allein die Fülle allen Seins und die erste Ursache aller Dinge ist … Nachdem er aber in der völligen und unveränderlichen Freiheit seines allerhöchsten Willens beschlossen hatte, sich uns zu geben, ist das Verlangen, diesen Willen zu verwirklichen, unendlich.

Columba Marmion

23 Gotterfahren wird man nicht vor dem Spiegel und nicht mit dem Rücken zu Gott. Wohl aber unter Gottes Gesicht. Darunter werden alle Ereignisse eines Tages zu Mitteilungen Gottes, auf die wir antworten sollen. Unter Gottes Gesicht spiegeln uns Gottes Augen die Welt. Können wir mit Gottes Augen unsere Welt schauen. Brauchen wir vor nichts die Augen zu schließen. Denn Gottes Augen ruhen auf Guten und Bösen, umfangen Anfang und Ende der Welt und führen sie sicher ans Ziel.

Kyrilla Spiecker

24 In Jesus Christus, Gott und Mensch, trat in einziger Vollkommenheit das Gottesbild in die Welt ein. Aber es leuchtete nicht nur als Licht in der Finsternis, es wurde durch Christi Opfertod unser aller Anteil. Von neuem strömte Gottes Leben in die erlöste Menschheit und „gab allen Macht, Kinder Gottes zu werden, die aus Gott geboren sind“ (Joh 1,12).

Ildefons Herwegen

25 Gotteskindschaft ist Freundschaft mit Gott. Freundschaft ist Vertraulichkeit, ist Herzensgemeinschaft. Der Freund ist gewissermaßen das andere Ich seines Freundes. Der Freund wünscht dem Freunde dasselbe Gute, das er sich selber wünscht. Er tut ihm alles Gute, das er ihm nur tun kann. Er sucht ihn auf, tauscht sich mit ihm aus, lebt mit ihm und teilt seine Ideen und Interessen. Freunde verstehen sich gegenseitig und teilen Freud und Leid miteinander. Sie leben gleichsam ineinander: eine einzige Seele belebt sie beide. Wir sind Gottes Kinder. Die Gnade der Kindschaft macht uns so schön, so rein, so groß, dass Gott sich fortan in uns selbst wiederfindet und uns mit der Liebe umfängt, mit der Er sich selbst liebt. Denn so liebt der Freund: er liebt den Freund mit der Liebe, mit der er sich selber liebt.

Benedikt Baur

26 Damit der Gottesgedanke als Motiv tatsächlich wirksam wird, darf er nicht bloß erkenntnismäßig im Bewusstsein bleiben. Das Ich muss ihm gegenüber jene hinhorchende, bereitwillige Fragestellung einnehmen, die anerkennt und billigt, dass der Gottesgedanke Forderungen erhebt. Diese eigenartige hingebende Fragestellung zum Gottesgedanken findet ihren charakteristischen Ausdruck in dem, was wir die Gebetshaltung der Seele nennen. Ohne die innere Gebetsverfassung der Seele kann der Gottesgedanke nicht als Motiv wirken. Ohne innere Gebetshingabe der Seele an Gott bleibt der Wandel in der Gegenwart Gottes ein unnützes Bemühen, eine unwürdige Täuschung.

Alois Mager

27 Gott naht sich uns, indem Er uns entschwindet. Wir lernen Ihn nie ganz kennen, wenn wir Ihn uns als Beute vorstellen, die wir in das Gehege unserer eigenen Vorstellungen einzäunen können. Wir wissen mehr von Ihm, wenn wir Ihn losgelassen haben. Der Herr fährt in allen Richtungen zugleich dahin. Der Herr kommt aus allen Richtungen zugleich auf uns zu. Wo wir auch sein mögen, es wird uns klar, dass Gott gerade von dort geschieden ist. Wohin immer wir gehen, wir entdecken, dass Er gerade vor uns angekommen ist.

Thomas Merton

28 Gott lässt sich manchmal lange suchen in der Wüste. Er kann sich uns nur mitteilen, wenn wir von einer Reihe Bildern und Vorstellungen oder Handlungen Abstand genommen haben, die nicht fassen, was Er in Wirklichkeit ist, das Wort, das Er tatsächlich zu uns spricht. Darum wird Gott in der Einsamkeit auch zunächst als ein abwesender Gott erfahren, und darum bleibt der Mönch dort stets auf der Suche nach Ihm wie ein Hungernder und Dürstender, dessen Not niemals ganz gelindert wird. Der Mönch ist seinem Wesen nach ein nie zufriedengestellter Gott-Sucher. Dieses Suchen nach Gott, dieses sehnsuchtsvolle Abtasten der Leere, die der abwesende Gott hinterlässt, bringt den Mönch ganz nahe an die intensivste religiöse Erfahrung des modernen Menschen von heute. Er erfährt Gott als den Abwesenden.

André Louf

29 Hier ist von mehr die Rede als von Lebenserfahrung, es geht um die Erfahrung Gottes. Was ist das? Hat „man“ sie? Hat jede Nonne sie? Ist sie gar dafür prädestiniert? Ist das ihr Beruf? Gotteserfahrung ist nichts, was die Nonne sich aneignen kann. Nur bereit sein, das muss sie, offen sein für den Ruf … Gotteserfahrung ist zunächst das Wahrnehmen einer Frage und das Angebot, das Leben zu lieben, selbst eine Liebhaberin des Lebens zu werden. Von dieser Art ist die Zuwendung Gottes

zum Menschen. Wenn sie die Frage hört, dann antwortet sie spontan mit dem einzig möglichen Wort: „Ich“ (RB Prol. 16). Sie bringt sich selbst ins Spiel. Gotteserfahrung heißt, Ich-Sagen können und dürfen … Gotteserfahrung gehört deshalb nicht in das Ghetto der Gefühle, sondern in den freien Raum der Entscheidung. Wer von Gotteserfahrung spricht, muss mündig sein, mit eigenem Mund sagen: „Ich“. Dieser Raum ist aber zugleich geschützt, der Ort der Innerlichkeit.

Michaela Puzicha

30 Einmal bat sie (Mechtild von Hackeborn) den Herrn, er möge ihr etwas schenken, was in ihr stets das Andenken an ihn erwecken könnte. Da empfing sie vom Herrn die Antwort: Sieh, ich gebe dir meine Augen, damit du mit ihnen alle Dinge siehst, und meine Ohren, damit du alles, was du hörst, durch sie vernimmst; auch meinen Mund gebe ich dir, damit du immer und überall durch ihn redest, betest und singst. Ich gebe dir auch mein Herz, damit du mit ihm denkst und mich selber und alle Dinge nur um meinetwillen liebst.

Mechtild von Hackeborn

Mai

1 Gib, Herr, ich bitte dich, dass ich durch Liebe verkoste, was das Erkennen schon erfasst; lass mich auch mit dem Gefühl begreifen, was das Verstehen schon einsieht! Ich schulde mehr als mich selbst mit allem, was ich bin, aber ich habe nicht mehr, noch kann ich aus mir selbst es hingeben. Herr, ziehe mich in deine Liebe, mein ganzes Sein! Alles, was ich bin, ist dein. Du hast mich erschaffen, mach mich ganz dein in Liebe! Siehe, Herr, vor dir liegt mein Herz! Es will, aber aus sich kann es nicht. Leiste du, was es selbst nicht kann! Führe mich hinein in das Gemach deiner Liebe! Ich bitte dich, ich suche, ich klopfe an! Du gibst das Bitten, gib auch das Empfangen! Du gibst das Suchen, gib auch das Finden! Du lehrst anzuklopfen, öffne dem Klopfenden!

Anselm von Canterbury

2 Wir sollen … dem Wunsche des hl. Paulus entsprechend das Geheimnis Christi eingehend betrachten und seine heiligste Person, all seine Handlungen, möglichst genau kennen zu lernen suchen, weil diese ja die Ausdrucksform seiner Tugenden, seine Willensäußerungen sind. Diese Betrachtung soll jedoch nicht nur Verstandestätigkeit sein, ein Studium, das nur zu oft trocken und un-

fruchtbar bleiben würde. Wir sollen vielmehr Christus betrachten im Geiste himmlischer Weisheit, der uns in der göttlichen Gabe nach der Weisheit forschen lässt, die Licht ist für unser Leben. Wir sollen Christus betrachten, um unsern Wandel umzugestalten nach diesem Vorbilde, in welchem Gott selbst uns erreichbar entgegentritt, auf dass wir in ihm das göttliche Leben schöpfen, das unsern Durst vollkommen stillen kann.

Columba Marmion

3 Als Gott sein edles Geschöpf, den Menschen, wiedergewinnen wollte, sagte er zu sich selbst: „Zwinge ich ihn gegen seinen Willen, so habe ich einen Esel, keinen Menschen … Damit er freiwillig kommt, will ich ihm Schrecken einjagen …“ Aber der Mensch ließ sich davon nicht beeindrucken … Und so sagte er: „Wenn sie schon derart an diesem elenden … Leben hängen, wird sie gewiss die Aussicht auf mein ruhiges, ewiges, seliges Leben faszinieren“ … Als Gott sah, dass auch das nichts half, sagte er sich: „Jetzt bleibt noch eines übrig. Im Menschen wohnen nicht nur die Angst und die Begierde, sondern auch die Liebe, und nichts zieht ihn stärker.“ So ging Gott ins Fleisch ein. Er erwies sich als derart liebenswürdig, dass er uns jene größte Art der Liebe erwies, die von niemandem übertroffen werden kann: die Liebe, seine Seele für uns hinzugeben.

Bernhard von Clairvaux

4 Herr, meine Schuld, mit der ich dich verlor, steht vor meinen Augen gleich dem größten Berge und breitet große Finsternis aus zwischen mir und dir und ewige Entfernung von dir; o wehe mir! ... Herr, mein irdisches Wesen steht vor meinen Augen gleich einem dürren Acker, auf dem wenig Gutes gewachsen. Eia, liebster Jesus Christ, nun sende mir den süßen Regen deiner Menschheit und die heiße Sonne deiner lebendigen Gottheit und den reichen Tau des Heiligen Geistes, dann verwinde ich mein Herzeleid.

Mechtild von Magdeburg

5 Der Weg der heiligen Regel, auf dem du Gott suchst und ihn zu finden hoffst, ist kein anderer als der Weg Christi. „Unter Führung des Evangeliums wollen wir die Wege Christi gehen" (Prolog). Darum ist starke, treue Liebe zu Christus, „Liebe zu Christus über alles" (vgl. Kap. 4; 5; 7; 72), das Mark des Mönchtums. Von Christus her kommt alles Licht, alle Kraft, alles Glück deines Berufes. „Ich bin der Weg, die Wahrheit und das Leben. Niemand kommt zum Vater als durch mich" (Joh 14,6). Christus mehr kennen und lieben lernen, sei deine stete Sorge.

Bonaventura Rebstock

6 Die Liebe eines Menschen, der Jesus liebt, hört nicht auf, geht nicht zur Ruhe, bis sie das Innerste des eigenen Lebens in die Innerlichkeit Jesu als die eigene Mitte hineingeführt hat, mit ihr verbunden und geeint, in sie aufgelöst und eingegossen hat, bis der Liebende ganz in den Geliebten hinein umgewandelt, mit ihm auf Ewigkeit zusammengeflossen ist. Die Liebe reißt nämlich den Liebenden aus ihm selbst hinaus und versetzt ihn in den Geliebten. Dort weilt er ganz und gar, in süßer und verkostender Weise, dort ruht er, dort sieht er, dort genießt er, dort freut er sich und ist froh.

Johannes von Kastl

7 Die Schrift sagt: „Der Sohn Abrahams", dessen Name soviel wie Lachen bedeutet, wuchs, bis er erwachsen war. Der Sohn Gottes wachse in dir, Bruder, da er in dir bereits Gestalt angenommen hat, bis er für dich unendlich groß wird. Er wird dir Lächeln sein, Jubel und die vollkommene Freude, die dir niemand nehmen kann. Wenn das Wissen darum eines Tages in Vergessenheit geraten oder durch Unvorsichtigkeit verloren gegangen sein sollte, dann entsinne dich wieder dessen, um seiner Gegenwart innezuwerden.

Isaak von Stella

8

Im Anfang grünten alle Geschöpfe, es blühten die Blumen zur Mitte der Zeit; dann aber verdorrte die Lebenskraft. Du aber, Vater, schau her auf mich, in dem du dich widerspiegelst! Erschöpfung befällt mich an meinem Leib, meine Kleinen erliegen der menschlichen Schwäche. Gedenke, o Vater! Des Ursprungs Hoffnung hätte nicht welken sollen; noch ist nicht voll die goldene Zahl! Damals war es doch nicht deine Absicht, jemals dein Auge abzuwenden, bis von Edelsteinen geschmückt du meinen Leib erblicktest. Um meiner verspotteten Glieder willen verfalle ich der Ermattung. Vater, sieh her, ich zeige dir meine Wunden! Es schmerzt mich, dass meine Glieder von mir weichen und hören auf den Sohn des Verderbens. Dennoch hole ich wieder heim, die unter ihnen gefallen sind. Vater, ich bin ja dein Sohn! Sieh mit der Liebe her auf mich, mit der du mich sandtest in die Welt. Betrachte die Wunden, durch die ich die Menschen nach deinem Auftrag erlöste. Erbarme dich ihrer und lasse nicht zu, dass aus dem Buch des Lebens ausgetilgt werde ihr Name! Durch das Blut meiner Wunden hole sie in der Reue wieder zu dir zurück. Ihr Menschen alle, beugt jetzt die Knie vor euerm Vater, damit er euch reichen kann seine hilfreiche Hand!

Hildegard von Bingen

9 Christus ist … der wahre Zeuge, der allein nur Wahres und Gültiges von Gott bezeugt und damit allein unser Leben rettet und unser Heil sichert; denn was könnten wir ohne Gott tun und sein? Deshalb müssen wir alle zu dieser Quelle hineilen, aus der allein das Lebenswasser sprudelt. Denken wir uns, auf der ganzen Erde gäbe es nur eine Quelle, die das Leben verbürgte, und alle Menschen müssten verschmachten, wenn sie nicht zu dieser Quelle kämen. Wohl gäbe es noch andere Quellen, aber entweder wären sie vertrocknet, oder sie wären Scheinquellen, die nur Wasser vortäuschten, oder sie wären vergiftet und brächten Seuchen. Wie würden wir uns dann alle aufmachen, um diese Quelle zu finden und von ihr zu trinken, um nicht zu verderben! Im göttlich-pneumatischen Leben ist es tatsächlich so: Es gibt nur eine Quelle, die unmittelbar aus dem ewigen Schoße Gottes strömt; diese Quelle ist der Gottmensch Jesus Christus.

Odo Casel

10 Woher wird mir Rat, woher Heil? Wer ist's, der da heißt „Engel des großen Rates“, der da heißt „Heiland“, auf dass ich laut seinen Namen anrufe? – Ach, er selbst ist's, er selbst; Jesus … Jesus, Jesus! Bei diesem deinem Namen tu mir nach diesem deinem Namen! Jesus, Jesus! Vergiss den, der dich stolz herausgefordert, schau auf den, der in seinem Jammer anruft den süßen, wonnigen

Namen, den Namen, der den Sünder stärkt, den Namen seliger Hoffnung! Was heißt denn Jesus, wenn nicht Heiland? Darum, Jesus, um deiner selbst willen sei mir ein Jesus! ... Jesus, Jesus! Erbarme dich, solange es Zeit ist zum Erbarmen, damit du nicht zu verdammen brauchst zur Zeit des Gerichtes! ... So nimm mich denn auf, heißersehnter Jesus, nimm mich auf in die Zahl deiner Auserwählten, damit ich mit ihnen dich lobe, dich genieße und in dir mich rühme inmitten aller, die deinen Namen lieben.

Anselm von Canterbury

11 „Wie ausgegossenes Öl ist dein Name" (Hld 1,2). Ohne Zweifel besteht zwischen dem Öl und dem Namen des Bräutigams eine Ähnlichkeit ... Die Ähnlichkeit liegt ... in der dreifachen Eigenschaft des Öls: es leuchtet, nährt und salbt. Es unterhält das Feuer, nährt das Fleisch und lindert den Schmerz: Licht, Nahrung und Arznei. Betrachte dasselbe nun am Namen des Bräutigams: er leuchtet, wenn er verkündet wird, er nährt, wenn er öfter überdacht wird, und lindert und salbt, wenn er angerufen wird ... Woher, glaubst du, rührt auf dem ganzen Erdkreis dieses so große und so plötzliche Licht des Glaubens, wenn nicht von dem verkündeten Jesus? ... Aber nicht nur Licht ist der Name Jesus, nein, er ist auch Nahrung. Fühlst du dich nicht jedesmal gestärkt, sooft du seiner gedenkst?

… Der Name ist aber auch Arznei. Ist jemand von uns traurig? Kommt Jesus in sein Herz und dringt hierauf als Arznei in seinen Mund, siehe, darin löst sich, wenn das Licht des Namens aufgeht, jede Wolke auf und Heiterkeit kehrt zurück.

Bernhard von Clairvaux

12 Unsere Liebe zu Gott bleibt kalt und abstrakt, wenn es uns nicht gelingt, das zentrale Merkmal ihres Anspruchs auf eine ganz starke Ich-Du-Beziehung zu begreifen. Hier auf Erden wird es uns nie vergönnt sein, in aller Bewusstheit nachzuvollziehen, was es bedeutet, in die Liebe der drei göttlichen Personen mit hineingenommen zu sein. Es ist jedoch leicht, die Liebe Gottes zu ermessen, wenn wir ihre Verwirklichung konkret in Jesu menschlicher Liebe zu uns erblicken. Hier bietet sich uns die beste Grundlage für ein Leben im Glauben, und darum sollte gerade diese Liebe den von uns bevorzugten Betrachtungsgegenstand bilden.

Thomas Merton

13 Wenn du dir vorstellen kannst, was die gedemütigte Gottheit in der Welt ausgerichtet hat, so gedenke selber des Herrn in Güte, begreifend, wie sehr Gott dieses Werk geziemte. Vor allem, dass in der Angelegenheit des Heiles der Menschheit der Vater den Sohn, ja auch der Sohn sich selbst nicht schonte, und das höchste Gut in dieser Gestalt sich

der Welt offenbarte und dabei den Menschen aufs gründlichste belehrte, gleichsam bis zur Verachtung seiner selbst liebte, lehrte er den Menschen auch Gott bis zur Verachtung seiner selbst zu lieben, diesen Menschen, der bisher nichts anderes verstand, als sich selbst bis zur Verachtung Gottes zu lieben.

Wilhelm von St. Thierry

14 Er hat sich selbst erniedrigt, Knechtsgestalt angenommen, um untertan zu sein. Sohn war er, Knecht wurde er. Aber er hat nicht nur die Gestalt eines Knechtes im allgemeinen angenommen, sondern noch dazu eines bösen Knechtes, um geschlagen zu werden und Strafe zu erleiden, abzubüßen, obwohl er nicht schuldig war. Nicht nur Knecht der Knechte Gottes wird er, sondern selbst Knecht der Knechte des Teufels. Auch das genügte ihm noch nicht, sondern er erwählte sich eine Todesart, die schimpflicher ist als alle andern. Er demütigte sich selbst und wurde gehorsam bis zum Tode voll jeglicher Schmach.

Pseudo-Bernardus

15 Heller als das Licht strahlt die Entäußerung, die der Sohn Gottes für dich, Mensch, auf sich nahm: Er verschmähte es nicht, vom Herrn zum Sklaven, vom Reichen zum Armen, Fleisch aus dem Wort und vom Gottessohn zum Menschen-

sohn zu werden. Bedenke wohl, auch wenn du aus nichts geschaffen wurdest, so wurdest du doch nicht aus nichts erlöst!

Bernhard von Clairvaux

16 Hat sich nicht Christus, in dem alle Schätze der Weisheit und Erkenntnis verborgen sind und in dem wirklich die ganze Fülle Gottes wohnt, trotzdem der Demut gerühmt, als wäre sie der Inbegriff seiner Lehre und seiner Tugenden? Lernt von mir, spricht er, nicht weil ich besonnen, rein, klug oder sonst etwas Ähnliches bin, nein, weil ich gütig bin und von Herzen demütig. Von mir lernt!, spricht er. Ich verweise euch nicht auf die Lehre der Patriarchen, nicht auf die Bücher der Propheten, sondern stelle mich euch als Vorbild der Demut vor Augen.

Bernhard von Clairvaux

17 Gertrud fragte den Herrn: „Mein geliebter Liebhaber, du hast mir dein göttliches Herz schon so oft auf verschiedene Weise geschenkt, darum will ich wissen, welche Frucht ich jetzt erlangen soll, da du mir wiederum dein Herz so freigebig schenkst?“
Der Herr antwortete: „Sagt nicht die katholische Lehre, dass ich mich selbst dem Menschen ganz mitteile zu seinem Heil zusammen mit allen Gütern und Schätzen meiner Gottheit und meiner

Menschheit, wenn er einmal kommuniziert? Und je öfter ein Mensch kommuniziert, desto größer wird das Übermaß seiner Seligkeit."

Gertrud von Helfta

18 Vom Kreuz will ich singen, merkt auf, ihr Gläubigen, das Lob auf das Kreuz strömt aus dem Mund, die frommen Herzen macht weit, denn euch gehört Christus, euch die Weisheit der Liebe, euch das ewige Licht Gottes, unvergängliche Liebe wird euch zuteil. Hier erklingt die Wunderkraft des Künstlers, hier strahlt die Schönheit des selig zu preisenden Werkes auf, hier wird der Ruhm der Tugend geboren. Eure Ehre lebt, weil ihr lebendiger Ursprung aufleuchtet, euer mit Recht unvergänglicher Ehrenpreis steht fest wie der Himmel, denn Christus, euer Sieger, ist überall bekannt.

Rabanus Maurus

19 So tritt denn mit sehnsüchtigem Herzen hin zu Jesus, dem Verwundeten, mit Dornen Gekrönten, ans Kreuzholz Geschlagenen. Leg nicht nur mit dem Apostel Thomas deine Hand in seine Seite, sondern tritt ganz ein durch sie, bis zu seinem Herzen hin. Dort lass dich durch die glühendste Liebe deines Geliebten ganz in ihn umgestalten, lass dich annageln mit den Nägeln der Hingabe an Gott, durchbohren von der Lanze herzinniger Liebe, verwunden von innerstem Mitleid, und suche

nichts anderes, begehre nichts anderes, strebe nach keinem andern Trost, als mit Christus am Kreuze zu sterben, damit du mit dem Apostel Paulus ausrufen könnest: „Mit Christus zusammen bin ich gekreuzigt. Nicht mehr ich lebe, sondern Christus lebt in mir!" (Gal 2,19f).

Garcia de Cisneros

20 Die Ungläubigen verlangen Zeichen, die Unschlüssigen wollen Weisheit. Du aber, umfange den gekreuzigten Christus, den zum Fall Vorgesehenen ein Ärgernis, den sich weise Wähnenden eine Torheit, allen Gerufenen und Gerechtfertigten dagegen Gottes Weisheit und Gottes Kraft. Denn „was bei Gott töricht ist, ist weiser als die Menschen, und was schwach ist, ist stärker als alle Menschen". Befragst du fleischliches Sinnen, so erscheint es töricht und schwach, hast du aber mit dem Apostel zusammen den Sinn Christi, dann siehst du ein, dass Gottes Wort die höchste Weisheit ist, dass das Törichte dieser Weisheit das Fleisch des Wortes ist, damit die Fleischlichen, die durch die Klugheit des Fleisches nicht bis zur Weisheit Gottes hinzugelangen vermögen, durch die Torheit der Verkündigung und die Einfalt des Glaubens, nämlich durch das Fleisch des Wortes Heilung finden. Sei ein Tor, und du wirst ein Weiser werden, und aufleuchten wird dir „die Heilsordnung des seit Äonen in Gott verborgenen Geheim-

nisses, der alles geschaffen hat. Schwäche dich bis hin zur Schwachheit Gottes, und du wirst sehen, „wie überragend die Größe seiner Macht uns Gläubigen gegenüber ist, die er in gewaltiger Stärke an uns erwiesen hat".

Wilhelm von St. Thierry

21 Gott ist verborgen, aber in Christus hat er sein Antlitz enthüllt. Christus musst du anschauen, dass du lernst, wie Gott ist. Christus musst du anschauen, dass du lernst, wie du sein sollst. Denn du sollst sein wie Gott ist, nach seinem Bild. – Geheiligt bist du, wenn du dich von Christus Gott weihen lässt. Wenn du dich von Christus Gott weihen lässt, musst du wissen, dass du wie Christus Opfergabe bist für dein und aller Welt Heil. Und du darfst gewiss sein, dass du auf dem Wege Christi bist aus der Welt zum Vater.

Raphael Hombach

22 So soll also deine Stimme in meinen Ohren klingen, guter Jesus, damit ich lerne, wie mein Herz dich lieben, mein Geist dich lieben, ja, der tiefste Grund meiner Seele dich lieben soll. Aber was ist die Liebe, du mein Gott? Meiner Erfahrung nach ist sie eine wunderbare Freude des Geistes, um so zarter, je keuscher, um so süßer, je aufrichtiger und um so beglückender, je großmütiger sie ist. Es gibt einen Gaumen des Herzens, der an dir

Geschmack findet, weil du süß bist, und ein Auge, das dich sieht, weil du gut bist. Hier ist der Ort, welcher Fassungsraum für dich, den Höchsten, besitzt. Wer dich nämlich liebt, der erfasst dich, und er erfasst dich in dem Maß, als er liebt, denn du selbst bist die Liebe, die geordnete Liebe.

Aelred von Rievaulx

23 O Herr Jesus, weil ich nicht allein vergessen habe zu verzehren, sondern auch zu hungern nach meinem Brot, nach dem Brot, das das ewige Leben gibt, deshalb bewirke du durch deine Gnade, dass ich immer auf dieses unendlich große Geheimnis vertraue, dass ich immer weiß und festhalte, was dir gefällt und was meine ausgedörrte Seele freimacht; gib mir, so zu vertrauen, dass mir und allen an Christus Glaubenden heute und täglich das große und reiche Gastmahl zuteil wird, das dich verhüllt in Gestalt von Brot und Wein, dich, der du vom Himmel herniedergestiegen bist und das Leben gibst.

Elisabeth von Schönau

24 Ich halte dich in Liebe fest, liebreicher Jesus, und werde dich nicht lassen, denn dein Segen allein genügt mir nicht, wenn ich dich selbst nicht halte und besitze als meinen besten Teil, du meine Hoffnung und meine Erwartung. O Liebe, lebenspendendes Leben, du Wort des lebendigen

Gottes, belebe mich. Und was in der Liebe zu Gott zerstört und vernichtet ist an mir, das ersetze du. O göttliche Liebe, die du mich geschaffen hast, in deiner Liebe schaffe mich neu. O Liebe, die du mich erlöst hast, was mir an Liebe zu dir fehlt, das erstatte und ergänze du. O göttliche Liebe, die du mich dir durch das Blut deines Christus erworben hast, heilige mich in deiner Wahrheit. O göttliche Liebe, die du mich als Tochter angenommen hast, nähre, o nähre mich nach deines Herzens Weisung. O Liebe, die du mich dir und keinem anderen erwählt hast, gib, dass ich dir ganz anhange. O göttliche Liebe, die du mich ohne mein Verdienst geliebt hast, gib, dass ich dich von ganzem Herzen, mit ganzer Seele und aus aller Kraft liebe.

Gertrud von Helfta

25 Ich will dir mein Herz zu einem Pfand geben, das du allezeit bei dir haben sollst, und du wirst mir davon Zeugnis ablegen an dem Tage, an dem ich dein Sehnen erfülle. Und ich gebe dir auch mein Herz zu einem Hause der Zuflucht, damit du in der Stunde des Todes keinen andern Weg gehst als in mein Herz, um ewig darin zu ruhen. Und sie (Mechtild) fing an, von wunderbarer Andacht zum göttlichen Herzen Jesu ergriffen zu werden, und sooft ihr der Herr erschien, empfing sie eine besondere Gnade aus seinem Herzen.

Mechtild von Hackeborn

26 Ich erwähne gern etwas, was viele erstaunt: dass nämlich das Weizenkorn zu seiner Wiedergeburt und seinem neuen Leben nur dies beiträgt: in der Erde zu bleiben und zu vergehen. Ebenso soll die Seele im Erdreich ihres Nichts und der eigenen Verderbnis begraben bleiben und mit unendlicher – man könnte sagen großartiger Geduld – den Augenblick ihrer Auferstehung erwarten … Man muss jedoch sagen, dass das Weizenkorn vermodert in der Erde bleibt, und nur sein Keim neue Frucht bringt. Genauso bleibt auch die Seele begraben und verloren im Erdreich ihres Nichts und dieser Lebenskeim – Jesus Christus – bringt in der Seele unsägliche Dinge hervor, die sich nicht mitteilen lassen. Daher muss die Seele im Tod bleiben, bis sie in Jesus Christus – wie in den Quell des Lebens – eingegangen ist und von ihm erwartet, dass er sich in ihr als das Leben erweist.

Cathérine de Bar

27 Man findet den Menschen nicht, wenn man nur den Menschen sucht. Man driftet ab in die Zerstrittenheit mit sich, in die nicht mehr vollziehbare Zustimmung zu seiner Welt, also zuletzt in die Sinnentleerung und Sinnlosigkeit, wenn man nichts mehr weiß vom Angesprochensein von jenseits seiner selbst und vom Antworten über sich hinaus in dem Einen, der mehr ist als nur Mensch. Man kann, heißt das im Klartext, ohne Jesus Christus

nicht hoffen, auch nur die Frage nach dem Sinn richtig zu stellen. Und bekanntlich ist die richtige Fragestellung entscheidend. Dazu allerdings hat die frühe Kirche und in ihr … das altkirchliche Mönchtum etwas zu sagen.

Corona Bamberg

28 Die ernstlich angestrebte, ungeteilte Liebe zu Christus hat eine zuinnerst adventliche Dynamik. Der wache Mönch erwartet in auch stellvertretender Glaubenszuversicht sehnend, betend und dienend die Wiederkunft des Herrn am Ende und als Besiegelung der Zeit. Der urchristliche Gebetsruf: „Maràna tha – Komm, Herr Jesus!" erfasst sein ganzes Dasein. Mit Sehnsucht und Freude eilt er dem kommenden Herrn entgegen. Erleuchtet vom Heiligen Geist, wird der Mönch aber auch den unter vielfältigen Schleiern in Zeit und Geschichte immer schon gegenwärtigen Herrn erkennen, sich mit ihm vereinigen und ihm dienen.

Geistliche Wegweisung

29 Der Liebe zu Christus nichts vorziehen, das ist die wahre Freiheit der Kinder Gottes, die mit glühender Sehnsucht nach Gott und dem ewigen Leben verlangen … Der Herr will unser Herz besitzen. Schenken wir ihm unser Leben zurück mit all seinem Reichtum, all seinem Verlangen, all seiner Armut und all seinem Elend. Wenn wir uns

ihm zurückgeben, dann festigen wir die Bande, die uns untereinander vereinen. Diese Hingabe zu leben ist schwer. Es ist ein Kampf, und der Kampf ist der Vorbote des Sieges, der uns zuteil wird, wenn wir der Liebe glauben.

Denis Huerre

30 Die Zucht des Klosters ist das Kreuz Christi, von dem niemand vor seinem Tod abgenommen wird.

Petrus von Celle

31 Christus, unser Herr, weiß wohl am besten, wie unsere Beziehungen zu Gott beschaffen sein sollen; er kennt die göttlichen Geheimnisse. Wenn wir auf ihn hören, laufen wir nicht Gefahr, uns zu verirren. Er ist die Wahrheit selbst. Welches soll nun, seinem Willen entsprechend, unser Verhalten Gott gegenüber sein? Wie will er, dass wir Gott betrachten und ehren? Wohl lehrt er uns, dass Gott der höchste Herr ist, den wir anbeten müssen; denn es steht geschrieben: Den Herrn, deinen Gott, fürchte und ihm allein diene (Dtn 6,13; Lk 4,8). Aber der Gott, den wir anbeten sollen, ist unser Vater. „Die ihn anbeten, müssen ihn im Geiste und in der Wahrheit anbeten; denn solche Anbeter sucht der Vater" (Joh 4,23).

Columba Marmion

Juni

1 Ich empfehle Ihnen sehr, zu beten; denn das hat jeder nötig … Die einfachste Art zu beten ist immer die beste … Gebet im Sinne von Gottvereinigung ist das Kreuzigendste, was es gibt. Man muss es um Gottes willen tun … Man sollte sich überhaupt kein Gebet wünschen außer dem, das Gott einem gibt. Und das kann auch ein sehr zerstreutes und in jeder Hinsicht unbefriedigendes Gebet sein. Der einzige Weg zum Beten ist, eben zu beten; und der Weg zum guten Beten ist, viel zu beten. Wenn man keine Zeit dafür hat, so muss man es wenigstens regelmäßig tun. Aber je weniger man betet, um so schlechter geht es. Und wenn die Umstände gar keine Regelmäßigkeit gestatten, dann muss man sich eben mit der Tatsache abfinden, dass man beten möchte, aber nicht beten kann. In diesem Fall wird unser Gebet wahrscheinlich darin bestehen, es Gott zu sagen.

John Chapman

2 Durch das Gebet scheint das unsichtbare Licht in den Geist. Durch das Gebet erhascht das Auge des Herzens den Anblick der himmlischen Dinge, während es noch mit der fleischlichen Schwere bekleidet ist. Durch das Gebet schaut der

menschliche Geist, soweit er kann, den ungeschaffenen Geist, der alle Dinge erschafft.

Petrus Venerabilis

3 Gib dir Mühe, beim Gebet und Gotteslob gesammelten Geistes zu sein. In ehrerbietiger Aufmerksamkeit versuche törichten und unpassenden Gedanken die innere Zustimmung zu verweigern. Ist aber dein Geist so unbeständig und flüchtig, dass er den Wortlaut der Gebete nicht festhalten kann, so rege dich darüber nicht auf und lass den Mut nicht sinken. Tu dankbaren und willigen Herzens ruhig, was du kannst. Opfere Gott deinen guten Willen und bewahre die Geduld. Sei demütig, aber nicht kleinmütig! Mag dir aus Mangel an Aufmerksamkeit auch manches entgehen, kannst du dich doch von Zeit zu Zeit wieder auf ein bestimmtes Wort konzentrieren … Verlege dich nicht unschlüssig bald auf diese, bald auf jene Methode, die Aufmerksamkeit zu bewahren. All diese geistige Unruhe erzeugt schließlich nur Verwirrung und Trockenheit des Herzens.

Ludwig Blosius

4 Oft stellen sich beim Opfer des Gebetes unpassende Gedanken ein, die das mit sich fortreißen oder verunstalten könnten, was wir in uns Gott unter Tränen darbringen. So hat Abraham beim Abendopfer die ihn bedrängenden Vögel ein-

fach ausgehalten, während er sie gleichzeitig eifrig zu verscheuchen suchte, damit sie sich nicht des Opfers bemächtigten. So müssen auch wir uns vor den unreinen Vögeln in Acht nehmen, wenn wir Gott auf dem Altar des Herzens unser Opfer darbringen, damit nicht die bösen Geister und schlechten Gedanken das als Beute an sich reißen, was unser Herz mit Nutzen dem Herrn als Opfer anzubieten hofft.

Gregor der Große

5 Der ehrfürchtige Ernst und die Zucht beim Psalmenbeten müssen so groß sein, dass es vom Herrn mit größerer Freude gehört als von uns gesprochen wird. Die Schrift sagt ja: „Du erfreust dich am Tagesanbruch und am Abend." Er, der in der Stimme erklingt, er soll auch im Verstand des Psalmenbeters sein. Deshalb wollen wir mit der Stimme und dem Verstand gemeinsam die Psalmen beten nach dem Wort des Apostels: „Ich will psallieren im Geist, ich will auch psallieren im Verstand." Nicht nur mit Worten, sondern auch mit dem Herzen wollen wir zu Gott rufen.

Die Magisterregel

6 Der Herr sagt im dritten Buche Mose (6,12): „Das Feuer soll nie ausgehen auf meinem Altare; täglich soll es der Priester nähren, indem er Holz ihm zulegt." Gottes Altar ist dein Herz, in dem

immer das Feuer glühender Andacht brennen muss. Diese Glut musst du erhalten und schüren mit dem Holze des Kreuzes, das ist: fortwährendes Andenken an das Leiden des Herrn wach halten in deiner Seele. In diesem Sinne sagt der Prophet Jesaja (12,3): „Ihr werdet in Freude Wasser schöpfen aus den Quellen des Heilandes", wer immer begehrt Wasser der Gnaden, Wasser der Andacht, Wasser der Tränen, der schöpfe sie aus den Erlöserquellen, aus seinen heiligsten Wunden.

Garcia de Cisneros

7 Die Liturgie ist … gleichsam ein heiliges Lied, in dem Himmel und Erde zusammenklingen, und in dem die durch das Blut des makellosen Lammes erlöste Menschheit auf geistigen Flügeln in immer höherem Fluge bis zum Throne Gottes sich emporschwingt. Die Liturgie ist mehr als ein bloßes Sicherheben; sie stellt das erhabene Göttliche nicht nur dar, sondern vermittels der Sakramente und Gebete bewirkt sie es auch, und vollendet so in den Seelen der Gläubigen die gnadenvolle Erlösung. Man kann sogar sagen, dass die Quelle der Heiligkeit der Kirche in ihrer Liturgie liegt, und dass ohne die göttlichen Sakramente in der gegenwärtigen, von Gott gewollten Heilsordnung das Leiden des Erlösers für uns fruchtlos bliebe.

Ildefons Schuster

8 Das Gebet ist des Menschen wertvollstes Vorrecht, höchster Vorzug, erstes Gut. Es ist sein Licht, sein Brot, sein Leben selbst; denn es bringt ihn in Beziehung zu Gott, der da ist; das Licht, das Brot und das Leben. Aber aus uns selbst heraus, wissen wir nicht, wie wir beten sollen. Wir müssen uns deshalb an Jesus Christus wenden, und zu ihm sprechen wie die Apostel: Herr, lehre uns beten. Er allein kann die Zunge des Stummen lösen, und beredt machen den Mund der Kinder, und er wirkt dies Wunder, indem er seinen Geist der Gnade und des Gebetes sendet, der gerne unserer Schwachheit zu Hilfe kommt und für uns bittet mit unaussprechlichen Seufzern.

Prosper Guéranger

9 Wie kann der neutestamentliche Beter alttestamentliche Psalmen beten? „Er bete sie zu Christus“, sagt Benedikt mit jener Schlichtheit, wie sie am Anfang und am Ende alles geistlichen Bemühens steht. Solche Weisung ist schlichter und leichter vollziehbar, als wenn Augustinus sagt: „Er bete sie mit Christus zum Vater!“ Der Psalm bleibt bei Benedikt, was er ist, Stimme meines, unseres Menschenherzens, Stimme seiner Sünde und seiner Seligkeit, Aufschrei seiner Not und Wonne seiner Geborgenheit.

Balthasar Fischer

10 Jetzt verstehen wir, warum die Liebe zum liturgischen Gebet, zumal in unserer Zeit, das unerlässliche Kennzeichen jedes wahren Berufes zum benediktinischen Leben ist. Es handelt sich dabei weniger um das Gotteslob an sich, als vielmehr um die Seelenverfassung, die es verlangt. Soll es vollkommen ausgeführt werden, so erfordert es eine Seele, die nicht nur fähig ist, Gott und in ihm alles Große und Schöne und Liebenswürdige zu lieben, sondern auch reich an Jugendfrische und Begeisterung, um die unleugbare Last des Psalmengesanges mutig zu tragen und nicht zurückzuschrecken vor einem Leben, in dem der Gesang und die Kundgebungen des inneren Lebens bis zum letzten Atemzug einen so hervorragenden Rang einnehmen. Es fordert eine Seele, die von der allumfassenden Liebe und dem katholischen Geist des Altertums so durchdrungen ist, dass sie bis in ihren Verkehr mit Gott die Vereinsamung fürchtet. Eine Seele, die sich Jesus niemals näher weiß, als wenn sie ihre Stimme vereint mit den Brüdern, die Gott ihr beigegeben hat.

Germain Morin

11 Mit dieser festen Gewissheit: „Gott, der den Sterblichen alles gewährt, schafft auch dem Liede die Anmut“, verbindet sich das ernste Bewusstsein der Verpflichtung zum Lobpreis Gottes. Es ist nicht nur „gut, den Herrn zu preisen“, sagen

die Psalmen, sondern ihm „gebührt der Hymnus". Aber dieses Geziemende ... erfüllen die echten Söhne Gottes aus Liebe ..., „aus der Weite des Herzens und der unaussprechlichen Süßigkeit der Agape" heraus, die in dem ständigen Umgang mit Gott, dem unaufhörlichen Loben und Preisen mehr und mehr unser Anteil wird. Der Lobsänger Gottes ist ein Liebender und wird immer mehr ein Liebender.

Aemiliana Löhr

12 Gebet ist ein Abenteuer, das uns in unergründliche Tiefen der Liebe Gottes hineinführt, in die Tiefen Gottes, der die Liebe ist. Es ist ein Tun höchst persönlicher Art und so verschiedenartig wie die menschlichen Temperamente und die Stufen, die ein Mensch in seiner Entwicklung durchläuft. Wir müssen bereit sein, zu suchen und zu versuchen, bis wir „durch Kummer und Irrtum" die uns gemäße Art des Betens gefunden haben. Wir sollen doch so beten, wie wir es können, und nicht zu beten versuchen, wie wir es nicht können. Und haben wir die Gebetsart gefunden, die uns „liegt", müssen wir uns dennoch innerlich darauf einstellen, einen anderen Weg einzuschlagen oder in ein neues Gebetsstadium einzutreten, sobald unsere geistlichen Bedürfnisse sich ändern. Gottes Suchen nach uns ist immer noch mächtiger als unser Suchen nach ihm.

Basil Christopher Butler

13 Welches also auch unsere Stellung im Leben sei – unser Herr versichert, das Gebet sei die Grundlage unseres Lebens, und die Zeit, die wir ihm widmen, sei der „gute Teil“, der wertvollste Teil unseres Lebens … Deshalb soll auch der vielbeschäftigte, der hart arbeitende Mensch dafür besorgt sein, dem Gebet in seinem Leben einen hinreichenden Platz einzuräumen. Diese Seite des geistlichen Lebens schließt in sich die Anbetung, die ursprüngliche Pflicht des Geschöpfes; dann die Bitte für unsere Bedürfnisse des Leibes und der Seele, unseres geistlichen und zeitlichen Lebens. Ferner gehört dazu das Gebet im eigentlichen Sinne, die Erhebung der Seele und des Herzens zu Gott, all unsere Beziehungen zu ihm.

Cuthbert Butler

14 Das Gebet hat große Macht, das ein Mensch verrichtet mit seiner ganzen Kraft. Es macht ein bitteres Herz süß, ein trauriges Herz froh, ein armes Herz reich, ein törichtes Herz weise, ein zaghaftes Herz kühn, ein schwaches Herz stark, ein blindes Herz sehend, eine kalte Seele brennend. Es zieht den großen Gott in ein kleines Herz, es treibt die hungrige Seele hinauf zu dem vollen Gott. Es vereint die zwei Lieben, Gott und die Seele, an einem wonnevollen Ort, da reden sie viel von Liebe.

Mechtild von Magdeburg

15 Wir haben das Gebet zusammen mit der Gnade bei unserer Taufe empfangen. Der so genannte Stand der Gnade bedeutet auf der Ebene des Herzens tatsächlich Zustand des Gebets. Dort, im Innersten unserer selbst sind wir seither in beständiger Fühlung mit Gott. Der Heilige Geist hat uns dort ergriffen und völlig von uns Besitz genommen: Er ist Atem von unserem Atem, Geist von unserem Geist. Er nimmt unser Herz sozusagen ins Schlepptau und kehrt es zu Gott. Der Geist ist es, der nach Paulus unserem Geist unablässig bezeugt, dass wir Kinder Gottes sind. Immerfort schreit der Geist in uns und fleht „Abba-Vater", bittend und seufzend in unübersetzbaren, aber niemals abbrechenden Worten (Röm 8,15; Gal 4,6). Diesen Gebetszustand tragen wir allzeit in uns, wie einen verborgenen Schatz, dessen wir uns nicht oder kaum bewusst sind.

André Louf

16 Schon kommt die Stunde, und sie ist schon da, es kommt und ist schon da die rechte Zeit, der Tag des Heiles, an dem die wahren Anbeter, die wahren, sage ich, nicht die nicht kennen, was sie anbeten, sondern die wirklich kennen, was sie anbeten, den Vater anbeten, nicht auf dem Berge dort, noch in Jerusalem, … sondern im Geist und in der Wahrheit. Was ist liebevoller? Was ist schöner als diese Definition des wahren Anbeters? Ihr werdet den

Vater anbeten – sagt er – und „den Geist der Kindschaft von ihm empfangen“ und zu Gliedern seines eingeborenen Sohnes werden. Denn: den Vater im Geiste anbeten, was bedeutet das anders, als: „den Geist der Kindschaft empfangen haben, in dem wir rufen: Abba, Vater?“ (Röm 8,15) Was bedeutet es anders: den Vater in der Wahrheit anbeten, als: in seinem Sohne bleiben – der spricht: „Ich bin die Wahrheit (Joh 14,6)“ – und den Vater dann anrufen?

Rupert von Deutz

17 Eine Seele, nicht erquickt vom Gnadentau des Gebetes, bringt nur Unvollkommenes zustande, menschlich Armseliges. Der Hebel jeglicher Kraft, das Gute zu tun, das Böse zu meiden, ruht im Gebet … Im Gebete nur wird jene Salbung des Heiligen Geistes empfangen, welche die Seele über alles unterrichtet. Im Gebete nur gelangt man zum Beschauen und Genießen des Himmlischen.

Garcia de Cisneros

18 Das göttliche Offizium ist solch ein himmlisches Ding, dass wir in ihm alles finden, was wir nur wünschen können: Denn jetzt wenden wir uns an dich um Hilfe und Verzeihung unserer Sünden, dann wieder sprichst du zu uns, so dass unsere Seele bis zum Grunde durchbohrt und verwundet wird vom Verlangen nach dir; und ein andermal lehrst du eine Seele, von dir und von sich selbst eine

größere Kenntnis zu haben, als ihr in 500 Jahren durch die Gelehrsamkeit der ganzen Welt gezeigt werden könnte; denn: deine Worte sind Werke.

Gertrud More

19 Es gibt vier Arten des Gebetes, mit denen die Seelen, je nach ihrer Veranlagung, der Führung des Heiligen Geistes oder der Ratschläge ihres Seelenführers, beginnen können ... Der erste Weg ist das mündliche Gebet. Dieses Gebet eignet sich für einfache, ungelehrte Personen ... Eine andere Art von Gebet für Anfänger ist die Betrachtung. Dieses Gebet ist sehr gut für diejenigen, die es nötig haben und üben können ... Die dritte Art von Gebet, die sich für Anfänger eignet, ist das Üben unmittelbarer Akte; unmittelbar, weil die Seele sich direkt, ohne Hilfe von Nachdenken und Erwägung, mit Gott beschäftigt ... Die vierte Art von Gebet, die zuweilen für Anfänger geeignet ist, ist das Gebet fühlbarer Anmutungen; „fühlbar", weil es hauptsächlich mit dem Gemüt ausgeführt wird, „Anmutung", weil es sich vom Verstehen unterscheidet, das mit Hilfe von Vorstellungen und sinnlichen Bildern arbeitet.

Augustine Baker

20 Diejenigen ..., die die Neigung zum inneren Leben haben, verweilen nicht dauernd bei den Übungen der Sinne, sondern gehen schließlich zu den Übungen des Geistes über ... Diese Seelen fühlen sich angetrieben, Gott innerlich zu suchen und infolgedessen nach zwei Dingen zu streben. Erstens nach der Einfachheit der Seele selbst, einer Entblößung von allen geschaffenen Bildern, die allein fähig macht zur unmittelbaren Vereinigung mit der göttlichen Einfachheit. Zweitens nach der Einfachheit der reinen Gottheit, losgelöst von allen Körpern oder geschaffenen Bildern.

Augustine Baker

21 Im betrachtenden Gebet denken und sprechen wir nicht nur mit dem Geist und mit dem Mund, sondern in gewisser Beziehung mit unserem ganzen Sein ... Es ist vielmehr die im Schweigen, Hinhorchen und Anbeten vollzogene Hinordnung unseres ganzen Leibes, unseres gesamten Geistes, unserer ganzen Seele auf Gott. Gutes betrachtendes Gebet ist eine Hinkehr unseres ganzen Selbst zu Gott. So gesehen, setzt die Betrachtung eine Art inneren Umbruchs voraus. Wenn ich von „Umbruch“ spreche, denke ich nicht an etwas, das bricht oder zerbricht oder das Unfrieden stiftet, sondern an einen Ausbruch aus der Gewohnheitsmäßigkeit unseres Daseins, an eine Befreiung des Herzens aus den Sorgen und Belastungen unserer täglichen Aufgaben.

Thomas Merton

22 Denken Sie lieber daran, dass die besondere Wirkung des beschaulichen Gebetes Einfachheit im ganzen Leben ist. Ein beschaulicher Mensch tut Tag und Nacht immer dasselbe. Mag er nun beten oder frühstücken, sprechen, arbeiten oder sich zerstreuen – immer ist er sich in erster Linie bewusst, dass er Gottes Willen erfüllt. Die vielseitige äußere Tätigkeit ist für ihn nur verschiedene Auswirkung ein und derselben inneren Haltung. Es geht damit ähnlich wie bei einem langen Marsch: Man geht aufwärts und abwärts, bei Regen und Sonnenschein, aber das Dahinschreiten an sich bleibt doch immer dasselbe; es ist die gleiche Bewegung der Beine, einmal leicht, ein andermal mühsam, einmal angenehm, ein andermal unangenehm.

John Chapman

23 Erst dann betritt die Seele den Weg der Beschauung, wenn sie in vollkommener Reife stehend, göttlichem Rufe zufolge, der Betrachtung entsagt, um sich höheren Übungen zu weihen, nämlich unmittelbaren Akten und Anmutungen des Willens. Die Übungen des Willens sind nämlich die erhabensten, die die Seele verrichten kann, und jeder folgende Unterschied bemisst sich einzig und allein nach der mehr oder minder großen Bereitwilligkeit der Seele oder dem Grade der Reinheit, mit der die Seele solche Akte vollführt. Das innere Gebet des Willens in seinem ganzen Umfange, das

ist also das eigentlich beschauliche Gebet, lässt sich unter die beiden verschiedenen Übungen fassen: 1. Angestrengte Akte oder Anmutungen des Willens; 2. Anmutungen.

Cuthbert Butler

24 Der unvollkommen beschauliche Geist übt meistens eine sehr vielseitige Tätigkeit aus. Wendet er sich jedoch von seinen alltäglichen Geschäften ab, um sich zur bestimmten Stunde der Sammlung zu widmen, so erhebt er sich dann kraft des natürlichen Zuges seines Wesens zu Gott und seiner unmittelbaren Gegenwart. Alles Geschaffene verabscheuend oder wenigstens beiseite lassend und verachtend kommt er mit Leichtigkeit über die vielen Eindrücke hinweg, welche die vorausgegangene Arbeit, die die Liebe seiner Seele nie dauernd fesseln konnte, hervorgerufen hatte. Denn die Seele konnte nimmermehr daran Genügen oder volles Ergötzen finden; deshalb gewinnt ein solcher leicht Einheit und Einfachheit der Seele. Ja indem er sich über die Vielfältigkeit mit ihrer Zerstreuung erhebt, tritt er von selbst in Verkehr mit dem einfachen Gott, der sich ihm unmittelbar zeigt.

Augustine Baker

25 Wenn die Seele sich von allen Dingen loslöst und in sich selbst einkehrt, dann weitet sich das Auge der Beschauung und sie errichtet sich

eine Leiter, auf der sie zur Beschauung Gottes emporsteigt. Diese Beschauung entflammt die Seele zur Liebe der himmlischen, göttlichen und ewigen Güter. Alles Zeitliche schaut sie nur von ferne, wie wenn es nichts wäre. Wenn wir also auf dem „Wege der Verneinung" zu Gott emporsteigen, so verneinen wir an ihm zunächst alles, was körperlich, sinnlich wahrnehmbar und vorstellbar ist; zweitens verneinen wir auch das, was unserer Vernunfterkenntnis gemäß ist; zuletzt verneinen wir sogar das Sein, wie es in den Geschöpfen vorhanden ist. Auf diese Weise werden wir … am besten mit Gott vereinigt, soweit dies dem Zustande der irdischen Wanderschaft gegeben ist. Dies ist das mystische „Dunkel", in dem, wie man sagt, Gott wohnt und in das Moses … eintrat, und durch welches man zum „unnahbaren Lichte" kommt.

Johannes von Kastl

26 Ich bekenne es und in aller Einfalt spreche ich es aus, dass das Wort mich heimgesucht hat, und sogar sehr oft. So oft nun auch der Herr in meine Seele eingezogen ist, so war ich mir doch niemals und zu keiner Zeit des bestimmten Augenblickes seiner Ankunft bewusst. Ich fühlte seine Gegenwart; ich erinnerte mich auch dieser Gegenwart; manchmal war ich sogar eines Vorgefühls seines Kommens fähig, niemals aber war ich mir seines Kommens und Scheidens bewusst. Auf wel-

che Weise er in mir ein- und ausgezogen ist – ich weiß es nicht! … Ihr werdet nun fragen, wie ich mir denn seiner Gegenwart bewusst geworden bin, da die Wege seines Nahens so unauffindbar sind? … Nur durch die neubelebte Kraft meines müden Herzens habe ich sein Kommen erkannt.

Bernhard von Clairvaux

27 Man muss freudig und mit dem ganzen Willen die Gebetsweise annehmen, die Gott uns hier und jetzt ermöglicht. Sie und keine andere müssen wir wünschen, denn sie ist ja klar Gottes Wille. Wenn wir auch wünschten, bis in den dritten Himmel entrückt zu werden, müssen wir trotzdem so sein wollen, wie wir sind: trocken oder zerstreut oder getröstet – ganz wie Gott will.

John Chapman

28 So schwer es sein mag, dies mit den Begriffen der menschlichen Sprache zu vermitteln, gibt es doch eine sehr reale, sehr erkennbare … Gegenwart Gottes, in der wir im Gebet hintreten vor ihn, der uns erkennt, den wir wahrnehmen, wie er uns wahrnimmt, den wir lieben und von dem wir uns geliebt wissen. Uns selbst in der Fülle unseres Person-Seins gegenwärtig, sind wir ihm gegenwärtig, der in seinem Sein, seinem Anders-Sein, seinem Selbst unendlich ist. Das ist kein Schauen von Angesicht zu Angesicht, sondern eine gewisse gegen-

seitige Vergegenwärtigung von Selbst zu Selbst, in der wir mit der ehrfürchtigen Hinwendung unseres ganzen Seins ihn erkennen, in dem alles ist. Der Blick, der in seine Gegenwart aufschaut, kommt aus dem Kern unserer Demut, aus der Mitte unserer Freiheit, aus dem Grund unserer geistlichen Natur. Die Meditation ist ein solches Aufblicken.

Thomas Merton

29 Die Erfahrung des inneren Schweigens oder der Ruhe in Gott übersteigt Denken und Fühlen und alle Bilder. Dieses Bewusstsein sagt uns, dass das Innerste unseres Wesens ewig und unzerstörbar ist und dass ich als Person von Gott geliebt bin und an seinem göttlichen Leben Anteil habe. Viele Menschen haben während des Gebetes ständig dieses Erlebnis des inneren Schweigens. Andere erfahren meist die tiefe Ruhe gleichzeitig mit weiterhin durchsickernden Gedanken.

Thomas Keating

30 Das Gebet ist nie nur eine Angelegenheit der Lippen, vielmehr unseres Herzens.

Smaragdus

Juli

1 Auf die geistliche Lesung, das Gebet und die übrigen geistlichen Übungen verwende den größten Eifer. Der bei anhaltendem Gebet drohende Überdruss kann durch die Lesung vermieden werden. Umgekehrt vertieft das Gebet, das beschauliche wie das mündliche, die Freude und den Genuss der Lesung. Beide wiederum, Gebet und Lesung, werden erleichtert und gewinnen neue Kraft, wenn sie durch eine standesgemäße Handarbeit abgelöst werden. Denn die Abwechslung in den verschiedenen Übungen ist sehr heilsam, besonders für jene, die die vollkommenen Gnadengaben des göttlichen Geistes noch nicht empfangen haben.

Ludwig Blosius

2 Selig sind, die das Wort Gottes hören und es befolgen (Lk 11,28). Wollt ihr wissen, wie selig? Zuerst, wenn die göttliche Stimme an das Ohr meiner Seele dringt, verwirrt, erschreckt und verurteilt es sie. Doch sofort, wenn du das Ohr nicht abwendest, belebt, erquickt, wärmt, erleuchtet und reinigt es. Zuletzt ist es uns Speise und Schwert, Arznei und Stärkung, Ruhe, ja sogar unsere Auferstehung und Vollendung. Wundere dich nicht, dass

das Wort Gottes sich jetzt schon als alles in allem erweist, was die Gerechtmachung betrifft, es wird ja auch bei der Verherrlichung alles in allem sein.

Bernhard von Clairvaux

3 Ihr, die ihr Tag und Nacht über das Gesetz Gottes nachsinnt, wohnt gleichsam in einem Garten. So viele Bücher ihr lest, so viele Gärten durchwandert ihr; so viele Lehren ihr aufnehmt, so viele Früchte pflückt ihr. Selig sind die, für die alle alten und neuen Früchte aufbewahrt sind, das heißt, denen die Aussprüche der Propheten ebenso wie die der Evangelisten und Apostel bereitgestellt wurden, sodass jenes Wort der Braut an den Bräutigam für jeden von euch gesagt zu sein scheint: Alle Früchte, die frischen und die vom Vorjahr, für dich hab ich sie aufgehoben, Geliebter (Hld 7,14).

Guerric von Igny

4 Wenn der Mönch liest, soll er den Geschmack des Textes auskosten und nicht Wissen zu erlangen versuchen. Die Heilige Schrift ist der Brunnen Jakobs, aus dem man Wasser heraufzieht und es dann im Gebet austeilt. Er braucht also nicht ins Oratorium zu gehen, um dort mit dem Gebet zu beginnen. Vielmehr ist die Lesung selbst schon die Grundlage des Gebetes und der Betrachtung.

Arnulf von Bohéries

5 Zwei Brüder kamen zu einem Altvater, der einsam in der Sketis wohnte, und der erste sprach zu ihm: „Vater, ich habe das ganze Alte und Neue Testament auswendig gelernt!“ Der Alte entgegnete: „Du hast die Luft mit Worten angefüllt.“ Da sagte der zweite: „Und ich habe das ganze Alte und Neue Testament abgeschrieben und trage es hier in meinen Händen!“ Und diesem entgegnete er: „Du hast deine Fenster mit Papier angefüllt! Kennt ihr nicht den, der gesagt hat: Nicht in Worten, sondern in Kraft besteht das Reich Gottes! (1 Kor 4,20).“ Und wiederum spricht er: „Nicht die Hörer des Gesetzes sind gerecht bei Gott, sondern die Befolger des Gesetzes werden gerechtgesprochen (Röm 2,13).“ Da befragten sie ihn über den Weg des Heiles. Er aber sagte ihnen: „Der Anfang der Weisheit ist die Furcht des Herrn (Ps 110,10) und Demut mit Geduld. Wenn man alles, was darin beschlossen ist, tut, dann genügt Weniges.“

Weisung der Väter

6 Das Wesen der meditatio besteht … darin, alle Fähigkeiten des Gedächtnisses aufmerksam zu entwickeln, sie ist von der lectio untrennbar und schreibt sozusagen den heiligen Text in den Körper und in den Geist hinein. Zuweilen stellt sich das Bild des wiederholten „Kauens“ der göttlichen Worte ein, wenn von der göttlichen Ernährung die Rede ist: Die entsprechenden Worte bezeichnen

ursprünglich Vorgänge der Nahrungsaufnahme und der Verdauung, und zwar jener besonderen Form der Verdauung, die den Wiederkäuern eigen ist. Daher werden die Lesung und die meditatio ab und zu mit dem ausdrucksstarken Wort ruminatio (Wiederkäuen) erklärt … Meditieren heißt: sich ganz streng an den Satz halten, den man rezitiert, und alle seine Worte abwägen, um ihren Sinn ganz zu erfassen. Der Meditierende macht sich den Inhalt eines Textes zu eigen, indem er ihn gleichsam verspeist und seinen Geschmack empfindet, er kostet ihn … mit dem palatum cordis (= Gaumen des Herzens) oder in ore cordis (= Mund des Herzens). Dieses ganze Tun ist notwendigerweise Gebet: die lectio divina ist betendes Lesen.

Jean Leclercq

7 Das Gebet reinigt uns, die Lesung unterweist uns. Beides ist gut, wenn es einem freisteht; wenn das nicht der Fall ist, dann ist es besser zu beten als zu lesen. Wer immer mit Gott verbunden sein will, der muss oft beten, der muss oft auch lesen. Wenn wir nämlich beten, sprechen wir mit Gott; wenn wir jedoch lesen, spricht Gott mit uns. Jeden Fortschritt verdanken wir der Lesung und der Meditation. Durch die Lesung lernen wir, was wir noch nicht wissen; was wir aber gelernt haben, das bewahren wir durch die Meditation. Die Lektüre der Heiligen Schrift bringt eine doppelte Frucht: Sie för-

dert einerseits das Verstehen des Geistes, andererseits lenkt sie den Menschen von den Nichtigkeiten der Welt ab und führt ihn zur Liebe Gottes.

Smaragdus

8 Die tiefinnerliche Kenntnis, ein übernatürliches und fruchtbares Erfassen der Heiligen Schriften ist eine Gabe des Heiligen Geistes, und zwar eine so kostbare Gabe, dass der göttliche Heiland selbst, die ewige Weisheit, sie den Aposteln in einer seiner letzten Erscheinungen mitgeteilt hat, indem „er ihnen den Sinn für das Verständnis der Schriften erschloss“ (Lk 24,25). Wenn eine Seele durch wahre Demut und beharrliches Gebet diese Gnade erlangt hat, enthüllen die heiligen Schriften ihr ungeahnte Tiefen himmlischer Geheimnisse. Sie freut sich an den Worten des Herrn mehr „wie einer, der viele Beute davonträgt“ (Ps 118,162). In ihnen findet sie wahrhaft das verborgene Manna (Offb 2,17), „das alle Süßigkeit in sich enthält“ (Weish 16,20) und ihr zur täglichen, erquickenden Nahrung wird. Die tiefste Ursache dieser Fruchtbarkeit des Wortes Gottes ist die Tatsache, dass Christus immer lebt, dass er immer der ewige Gott ist, der erlöst und belebt.

Columba Marmion

9 Was ist die Heilige Schrift anderes als ein Brief des allmächtigen Gottes an seine Schöpfung? Wenn du dich an irgendeinem Ort aufhalten würdest und einen Brief eines sterblichen Kaisers erhalten würdest, dann würdest du sicher nicht rasten noch ruhen noch deinen Augen Schlaf gönnen, solange du nicht weißt, was dir der irdische Herrscher geschrieben hat. Der Herr des Himmels, der Gebieter der Menschen und Engel, hat dir für dein Leben seine Informationen zustellen lassen, und doch bemühst du dich nicht, sie mit brennendem Verlangen zu lesen, mein ehrgeiziger Sohn. Sei also, bitte, bestrebt, täglich die Worte deines Schöpfers zu meditieren. Lerne im Wort Gottes das Herz Gottes kennen, damit du stärker nach dem Ewigen verlangst und dein Herz vor größerer Sehnsucht nach den Freuden des Himmels brennt. Um so größere Ruhe wird ihm dann einmal beschieden sein, je weniger Ruhe ihm jetzt aus Liebe zu seinem Schöpfer gewährt wird.

Gregor der Große

10 Benedikt spricht von der göttlichen Lesung (48,1). Geht es dabei doch nicht um ein flüchtiges, bloß informatives Überfliegen, sondern ein gesammeltes Hinhorchenlernen auf den gegenwärtigen Gott, der sein aktuelles Wort spricht; um ein Meditieren, ein Sich-Einprägen und Innern des Sprechens Gottes, um seine Sprache reden zu können und seinem Wort zur Antwort zu werden. Denn

Beten meint ja „nicht sich selbst reden hören, sondern verstummen, so lange verstummen und warten, bis der Betende Gott hört“ (S. Kierkegard).

Georg Braulik

11 Wie Gott, wie Menschen oder wie der Lärm der Stadt, in der wir wohnen, vermögen Bücher zu uns zu sprechen. Sie sprechen zu uns wie Gott, wenn sie uns Licht und Frieden bringen und uns mit Stille erfüllen. Sie sprechen zu uns wie Menschen, wenn wir sie noch ein zweites Mal hören möchten. Sie sprechen zu uns wie der Lärm der Stadt, wenn sie uns in ihren Bann ziehen mit einer Lustlosigkeit, die uns nichts sagt, die uns keinen Halt und keinen Frieden gibt, nichts, an das wir uns zu erinnern vermöchten; und doch gibt uns diese Lustlosigkeit nicht frei.

Thomas Merton

12 Bücher, die wie Gott zu uns sprechen, besitzen so viel Vollmacht, dass sie nicht mehr unterhaltend wirken können. Bücher, die wie gütige Menschen sprechen, faszinieren uns wie mit menschlicher Wärme. Wir wachsen innerlich, indem wir uns in ihnen wiederfinden. Sie verhelfen uns zu einer besseren Selbsterkenntnis dadurch, dass wir uns selber in den Mitmenschen erblicken. Bücher, die wie der Lärm der Menge sprechen, bringen uns schon durch das bloße Gewicht ihrer Lee-

re zur Verzweiflung ... Bücher können uns nachhaltig beeinflussen; sie können uns Freunde werden; aber einen Ersatz für Menschen bilden sie nicht; denn sie sind nur Wege zur Begegnung mit bedeutenden Menschen, die maßgeblich an der Formung der Menschheit beteiligt waren und die nicht an sich dachten, sondern an die anderen, als sie ihre Fähigkeiten in den Dienst der Menschheit stellten.

Thomas Merton

13 Die Lesung ist außerordentlich wichtig für unser geistliches Leben. Gewiss spricht uns alles von Gott, angefangen mit dem großen Buch der Natur über die ständigen Erfahrungen in unserem Alltag (Kontakte mit anderen, Ereignisse usw.) bis zur Heiligen Schrift. Aber in der geistlichen Lesung spricht Gott uns in besonderer Weise an. Wer von uns ist nicht zu manchen Stunden wie ein steiniger Boden, der kein Körnchen aufnimmt, zu anderen Zeiten wieder wie ein fruchtbarer Acker, in den der Same hineinfällt? Trägt das Wort Gottes in uns die Frucht, die es tragen sollte? Uns stehen so große Reichtümer zur Verfügung! Im Geheimnis Gottes und im Geheimnis der Sünde und der Erlösung gibt es Welten zu erforschen: das Paradies der Heiligen Schrift, in das wir nicht mit unserem eigenen Verstandeslicht eindringen können. Es braucht dazu zähe Beharrlichkeit, Demut und ein tiefes Verlangen nach Gott.

Denis Huerre

14 Lesen ist: Worte wiederfinden, die imstande sind, die eigene Erfahrung zu benennen. Gefordert ist dafür an erster Stelle: hören. Hören, zuhören hat jedoch zwar oft den Anschein von Ehrfurcht, ist aber in Wirklichkeit oft aggressiv, ein verkapptes Selbstreden, ein Greifen-, ein Verzehrenwollen … Es geht darum, dass man der Richtung des Verlangens auf die Spur kommt, des Verlangens, das aus dem Text spricht und das der Text anspricht. Man muss aufhören, sich eine Wohnung, eine Stadt aus Worten zu bauen, Wissen zu erwerben, Erkenntnis zu gewinnen. Um hinter allen Worten, allem Wissen und aller Erkenntnis zu hören, was das Verlangen sagt, und das zu tun.

André Zegveld

15 Die Beschäftigungen der Mönche sind so zu gestalten, dass sie nie der Zwiesprache mit Gott entbehren; es soll vielmehr während der Handarbeit die Meditation der Schrift weiterglühen, die, sobald das Herz den Wohlgeruch des Geistes verkostet hat, in der Folge in andächtiges und gesammeltes Gebet übergeht. Der Mönch als ein Soldat Christi soll demnach sich wie ein reines Tier verhalten, das Gott gehört und wiederkäut; er soll ununterbrochen im Mund seines Herzens die Nahrung der Heiligen Schrift bewahren, damit sein Geist nicht unnützen und schädlichen Gedanken ausgesetzt ist noch seinem Mund beim Reden ein

böses oder überflüssiges Wort entschlüpft. Er habe bei der Arbeit immer das Wort der Schrift im Sinn: „Selig der Mann, der Tag und Nacht nachsinnt über die Weisung des Herrn“ (Ps 1). Wer nämlich den Herrn Jesus in Wahrheit liebt, der erwägt täglich unter Tränen und Gebet seine Unterweisung und sein Leiden in seinem Herzen.

Johannes Trithemius

16 Wer der Unterweisung entbehrt, der erfährt überall, wie dunkel es ist.

Beda Venerabilis

17 Bestimmte Stunden sind für eine bestimmte Art von Lektüre zu reservieren. Eine rein zufällige und unbeständige Lektüre, die völlig willkürlich entdeckt wurde, erbaut nämlich nicht, macht vielmehr das Herz schwankend, und nur oberflächlich überflogen bleibt sie noch weniger im Gedächtnis haften. Bei bestimmten Talenten muss man länger verweilen, mit ihnen soll unser Inneres nähere Bekanntschaft schließen. In jener Geisteshaltung, in der Schriften entstanden sind, wollen sie auch gelesen werden. Man wird zum Geist eines Paulus keinen Zugang finden, bis man nicht wirklich und willentlich im Lesen und unermüdlichen Meditieren seinen Geist in sich hineintrinkt. Man wird auch nie einen David begreifen, solange man nicht durch eigene Erfahrung die Empfindungen

der Psalmen sozusagen angezogen hat ... Für jede Schrift gilt: Das echte Bemühen unterscheidet sich von der bloßen Lektüre wie die Freundschaft von der Gastlichkeit oder die gemeinsame Zuneigung von einer zufälligen Grußbekanntschaft.

Wilhelm von St. Thierry

18 Was hat Benedikt bewogen, auf die göttliche Lesung soviel Zeit zu verwenden und ihr damit eine solch große Bedeutung innerhalb des klösterlichen Schulungsweges beizumessen? Raum geben der Christus-Wirklichkeit in mir, in meinem Bewusstsein (indem ich mich beständig an Christus erinnere) und meine damit verbundene allmähliche Umgestaltung in Christus ist ... das Ziel der geistlichen Methode des benediktinischen Lebensstils. Was kann es da Hilfreicheres geben als die Lesung der Heiligen Schrift, d.h. das liebevolle Sich-darin-Vertiefen?

Emmanuel Jungclaussen

19 Wenn wir dem Leib Speise und Nahrung vorenthalten, dann wird er rasch abbauen und für keine Verrichtung mehr fähig und tauglich sein. Die Nahrung der Seele ist die Lesung; wenn man ihr diese nicht regelmäßig zuführt, dann wird sie kraftlos und zu nichts mehr tauglich. Keine Erfahrung, keine körperliche Arbeit, nicht einmal der Gottesdienst finden Gefallen, wenn die Seele nicht

wieder durch die Beschäftigung mit frommer Lesung gekräftigt wird. Das Herz wird daher trocken und welk, das Verlangen nach geistlichen Dingen nimmt ab, es erlischt einer Flamme gleich, da das Öl und die Verpflegung durch Lesung eingestellt wurden.

Johannes Mabillon

20 Begegnen dir in der Heiligen Schrift dunkle Stellen, die du nicht voll verstehen kannst, so beuge dich in Ehrfurcht vor ihrem verborgenen Sinn und halte dich dann nicht weiter dabei auf ... So wirst du allem vorwitzigen und unfruchtbaren Grübeln glücklich entgehen. Das eben ist der Vorzug der heiligen Bücher, dass sie der gläubigen Seele nicht bloß dann großen Gewinn bringen, wenn sie genau verstanden werden, sondern auch dann, wenn man sie trotz mangelndem Verständnis in frommer Einfalt in sich aufnimmt. Nicht umsonst sagt der Herr: „Die Worte, die ich zu euch rede, sind Geist und Leben" (Joh 6,64).

Ludwig Blosius

21 Ein Bruder fragte einen Altvater: „Siehe Vater, häufig befrage ich ältere Väter, dass sie mir eine Belehrung über das Heil der Seele geben, aber was sie mir auch sagen mögen, ich behalte nichts". Beim Greis befanden sich zwei leere Gefäße, und so sagte er zu ihm: „Geh, nimm eines dieser beiden Gefä-

ße, fülle es mit Wasser und wasche es, dann gieße das Wasser wieder aus und stelle das reine Gefäß wieder an seinen Platz." Nachdem der Bruder das ein- bis zweimal getan hatte, sagte der Greis zu ihm: „Jetzt bringe beide Gefäße hierher!" Als er sie gebracht hatte, sagte er: „Welches von beiden ist nun reiner?" Der Bruder antwortete: „Das, in das ich Wasser goss und es wusch." Da sagte ihm der Greis: „So ist es auch mit der Seele, Bruder, die häufig das Wort Gottes hört. Wenn sie auch nichts behält von dem, was sie erfragt, so ist sie doch mehr gereinigt worden als jene, die nichts fragt."

Weisung der Väter

22 Die Heilige Schrift wächst in einem gewissen Sinn mit dem Leser. Von den unkundigen Lesern wird sie sozusagen prüfend untersucht, von den erfahrenen aber immer als neu erlebt. Zum Propheten Ezechiel wird gesagt: „Menschensohn, iss, was du vor dir hast!" (3,1) Was man nämlich in der Heiligen Schrift findet, ist zum Essen bestimmt. Denn was sie an Gewöhnlichem enthält, das dient dazu, das gewöhnliche Leben in Ordnung zu bringen, ihre gewaltigen Aussagen aber vermitteln eine genaue und gründliche Einsicht. Wenn wir die Weisungen der Schrift lesen, leben wir, die wir in Schuld geradezu tot am Boden lagen, wieder auf ... Die Heilige Schrift ist uns im Dunkel des gegenwärtigen Lebens zu einem Licht auf dem Weg ge-

worden ... Zuweilen geschieht es, dass jemand die mystische Bedeutung der Worte der Heiligen Schrift wahrnimmt, wenn er, von der Gnade der höheren Schau erhellt, sich zu den himmlischen Dingen erhebt. Die wunderbare und unaussprechliche Kraft des heiligen Wortes wird dann erkannt, wenn das Herz des Lesers von großer Liebe durchdrungen wird.

Smaragdus

23 Lectio divina (= Lesung, die von Gott kommt) kann mehr als ein langsames meditatives Lesen beschrieben werden, das auf der Suche nach einer persönlichen Beziehung zu Gott ist, denn als Beherrschung eines Wissensgebietes. Geistliche Lesung wird heute oft als eine Tätigkeit betrachtet, deren vordringlicher Wert außerhalb ihrer selbst liegt, in ihrer Brauchbarkeit für andere monastische Beschäftigungen; sie kann zum Beispiel Stoff oder eine vernünftige Anleitung zum Gebet und für das Apostolat bereitstellen. Für die alten Mönche jedoch war die lectio eine alles beanspruchende Aktivität, die um ihrer selbst willen wahrgenommen wurde, in dem Sinn, dass sie nicht einfach der Information wegen lasen, die sie hätten erhalten können, sondern dessentwegen, was der Vorgang des Lesens aus ihnen gemacht hat. Wir nähern uns der Schrift in der Absicht, in Erfahrung zu bringen, was wir mit ihr machen können; die

Väter waren mehr auf das bedacht, was die Schrift aus ihnen machen konnte. Sie waren im Besitz jenes ausgesprochenen Sinns für die Wirkung von Worten, der in der gesamten Bibel entdeckt werden kann. Der Vorgang des Lesens selber wirkte verwandelnd.

Daniel Rees u.a.

24 Lesen bedeutet, den Sinn der Worte und der Sätze zu erkennen. Meditieren bedeutet, einen Gedanken tief in mich eindringen zu lassen und ihn mit meinen eigenen Gedanken, Eindrücken und Überzeugungen zu vergleichen. Ich muss ihn mit dem Licht und Leben, das in mir ist, beleuchten und so einfügen in mein Leben. Dieses Aneignen geht gewöhnlich langsam. Ich brauche Zeit, um das Bekannte mit dem Unbekannten in Beziehung zu setzen und es zu durchleuchten; ich brauche Zeit, um die neue Idee zu begreifen, sie auf meinen Nenner zu bringen, sie mir einzuverleiben als Gedanken, der von nun an zu mir gehört und Teil von mir wird.

Germain Barbier

25 Auch von unserer täglichen Lektüre muss jeden Tag etwas an den Magen unseres Gedächtnisses abgegeben werden, um zuverlässiger verteilt und wieder zurückgeholt öfter wiedergekäut werden zu können. Das kommt unserem Vorsatz zu-

gute, das unterstützt unsere Absicht, das beschäftigt unseren Geist, sodass er kein Verlangen kennt, an anderes zu denken. Aus der regelmäßigen Lektüre wird unser Gemüt gestillt, erwacht das Gebet, das die Lesung unterbricht; diese Unterbrechung behindert keineswegs, sie macht vielmehr in einem fort das Herz noch reiner, um das Gelesene noch besser zu begreifen. Die Lesung steht im Dienst der Absicht. Wenn der Leser in der Lektüre in Wahrheit Gott sucht, dann trägt alles, was er liest, zu diesem Vorhaben bei; die Lektüre fesselt seine Sinne und lenkt alles Verstehen dessen, was er liest, darauf hin, Christus zu dienen und zu gefallen.

Wilhelm von St. Thierry

26 Wenn wir die Heilige Schrift lesen, dann bedenken wir das Wort Gottes und haben den Sohn Gottes rätselhaft und wie in einem Spiegel vor Augen. Und in der Tat, wenn wir aufmerksame Leser und Hörer der Lesung sind, werden wir beim Lesen und Hören gleichsam in Brand gesetzt, lesend und hörend gehen wir der Liebe Gottes entgegen. Kommt uns denn nicht aus der Heiligen Schrift die Liebe Gottes entgegen? Was ist die Liebe Gottes anderes … als der Heilige Geist?

Rupert von Deutz

27 Bewahrt das Wort Gottes wie ihr die Nahrung aufbewahren könnt. Das Wort Gottes ist lebendiges Brot, d.h. Seelennahrung. Selbst wenn das materielle Brot in einem Schrank aufbewahrt wird, kann es von einem Dieb gestohlen, von einer Ratte angenagt oder alt werden und verderben. Ist es aber einmal gegessen, braucht man nicht mehr zu fürchten, dass das geschieht. So bewahrt das Wort Gottes auf, denn glücklich sind, die es bewahren. Möge es bis ins Innerste eurer Seelen gelangen, aufgenommen in euer Gemüt und euer Handeln. Kaut es gut, und eure entzückte Seele wird sich daran erfreuen. Vergesst nicht, euer Brot zu essen, damit euer Herz nicht verdorrt, sondern nährt und stärkt es mit einer gehaltvollen und nahrhaften Speise. Wenn ihr das Wort Gottes bewahrt, dann wird es gewiss euch bewahren. Der Sohn Gottes wird zu euch kommen mit seinem Vater.

Bernhard von Clairvaux

28 Hier ist die Beschäftigung, der du dich, wenn du vernünftig bist, auch in der Zeit der Stille ausliefern sollst: das Brot des Wortes in Gegenwart des Herrn zu essen, wie Maria bewahrend, was von Christus gesagt wurde, und es in deinem Herzen bewegend. Christus findet seine Wonne darin, dieses Brot mit dir zu essen; der dich nährt, wird sich selbst in dir erquicken; dieses Brot, das er selbst ist, wird umso reichlicher vorgesetzt, je mehr es

verzehrt wird; denn die Gnade benutzen, heißt nicht, sie vermindern, sondern sie wachsen lassen.

Guerric von Igny

29 Dieser also, dieser eine, meine Brüder, sei euch Lehrer, Christus, dieser sei euch das inwendig und äußerlich geschriebene Buch: Von ihm lest es, von ihm lernt es; was hier geschrieben ist, übertragt auf ihn als ein Beispiel inwendig für euer Herz und äußerlich für euren Leib. In eurem Leben stellt den anderen sein Leben zum Ablesen vor.

Isaak von Stella

30 Die reine Seele durcheilt wie eine Biene das Feld der Heiligen Schrift in beständiger Meditation. Dort sammelt sie in den Worten und nach dem Beispiel der Heiligen bestimmte geistliche Blüten, die in ihrem Herzen einen süßen himmlischen Duft hervorbringen. Sie erfährt, dass der Geist des Herrn süßer als Honig ist.

Aelred von Rievaulx

31 Schließlich verweist die geistliche Lesung auf ein „Lesen" im ganz umfassenden Sinn: „Lesen" heißt ja in seiner ursprünglichen Bedeutung „enträtseln von Zeichen" ... Im österlichen Licht der Offenbarung Christi (wie es mir in der Lesung der Heiligen Schrift und in der Feier der Liturgie aufleuchtet) mein Leben und das Weltgesche-

hen zu enträtseln, das ist die eigentliche Kunst der „göttlichen Lesung“! Die Zeichen des ewigen Wortes, des Logos, in der Schöpfung und ihrer Geschichte mehr und mehr zu entdecken und zu einer Zusammenschau aller geschaffenen Wirklichkeit in Christus zu gelangen, das ist die erste Stufe der Kontemplation ... Sie erreicht der Mönch, wenn in der reinigenden Askese, d.h. im Kampf mit den Leidenschaften durch Enthaltsamkeit, Geduld und Hoffnung sich ihm das Auge des Herzens für diese Zusammenschau geöffnet hat.

Emmanuel Jungclaussen

August

1 Die Arbeit stellt für Benedikt im Gegensatz zur antiken Einstellung einen positiven Wert dar, sie hat zudem einen asketischen Sinn … Benedikt geht es um einen gesunden Ausgleich von Gebet, lectio und Arbeit. „Müßiggang ist der Seele Feind" (RB 48,1). Der Mönch verliert seine geistliche Spannkraft und wird unfähig zu echtem Gebet. Die Arbeit ist in dieser Hinsicht ein Heilmittel gegen die gefährliche Krankheit der Acedia … Benedikt hat aus der monastischen Tradition heraus wichtige Kriterien für den Umgang mit der Arbeit überliefert. Seine Sorge geht dahin, dass die Brüder ihren Dienst ohne Murren, ohne Traurigkeit und ohne Überforderung tun können. Aber er sorgt auch dafür, dass die Mönche nicht unterfordert sind, sondern dass sie ihre Gaben und Fähigkeiten zur Entfaltung bringen und mit der Arbeit der Hände und des Geistes den Schöpfer preisen, „damit in allem Gott verherrlicht werde".

Einleitung in die Regel des hl. Benedikt

2 Einmal kam ein Bruder zum Abbas Silvanos auf den Berg Sina. Als er die Brüder arbeiten sah, sagte er zum Greis: „Arbeitet doch nicht um die vergängliche Nahrung (Joh 6, 27). Maria hat den

guten Teil erwählt" (Lk 10,42). Da sprach der Greis zu seinem Schüler: „Zacharias, bring dem Bruder ein Buch und schließe ihn in die Zelle ein, wo er weiter nichts hat." Als es nun die neunte Stunde war, schaute jener Bruder auf die Türe, ob sie jemand schicken würden, der ihn zum Essen riefe. Als ihn niemand abholte, stand er auf, kam zum Greis und fragte ihn: „Haben die Brüder heute nicht gegessen?" Der Greis antwortete: „Doch!" Er sagte weiter: „Warum habt ihr mich dann nicht geholt?" Der Greis entgegnete: „Nachdem du ein geistiger Mensch bist, brauchst du diese Nahrung nicht. Wir fleischliche Menschen jedoch müssen essen, und darum arbeiten wir. Du aber hast den guten Teil erwählt, indem du den ganzen Tag liest und keine fleischliche Speise essen willst." Wie der Bruder das hörte, fiel er ihm zu Füßen und sagte: „Verzeih mir, Vater." Und der Greis belehrte ihn: „Durchaus braucht Maria die Martha, denn wegen der Martha wird auch die Maria gerühmt."

Weisung der Väter

3 Es geht mir vor allem darum, dass unsere Arbeit, ihrem eigentlichen Wesen nach, uns Gott näher bringt und für den Einzelnen eine unschätzbare Hilfe ist. Ich spreche nicht vom erheblichen Beitrag, den unsere Arbeit an die Kirche leistet; ich sage schlicht, jeder Augenblick des Tages soll uns eine Gelegenheit bieten, Gott näher zu kommen.

Etwas Schwieriges, ein Problem, ist kein Stein, über den man, wie es scheinen mag, stolpern muss. Im Gegenteil, es ist eine Treppenstufe unseres Weges zu Gott.

Basil Hume

4 Der Müßiggang ist der Abschaum der Versuchungen und aller schlechten und unnützen Gedanken. Der Gipfel der Bosheit des Herzens ist träge Untätigkeit. Ein Diener Gottes soll niemals müßig sein, auch wenn er frei ist für Gott. Eine so verdächtige, nichts sagende und schmierige Bezeichnung verträgt sich nicht mit einer so entschiedenen, heiligen und ernsten Sache. Frei sein für Gott: heißt das müßig sein? Im Gegenteil, das ist die Tätigkeit schlechthin. Wenn einer sie nicht regelmäßig und mit Eifer in seiner Zelle ausübt, so ist er ein Müßiggänger, was immer er auch tun mag, sofern er es nicht in der rechten Gesinnung tut.

Wilhelm von St. Thierry

5 Der Liebevolle und Anziehende (= Jesus) legt uns ein Gebot vor. Angenehm und willkommen scheint zu sein, was die Liebe gebietet, wofür sie uns gewinnen möchte. Denn dort zeigt sich keine Schwierigkeit, wo die Liebe herrscht. Da gibt es keine Anstrengung, wo die wahre Liebe am Werk ist.

Ogerius von Locedio

6 Der Mönch ist Gottes bevorzugter Diener und Sohn. Sein Leben muss natürlich auch die größtmögliche Ähnlichkeit mit dem göttlichen haben, das reine Tätigkeit ist. Sohn ist er der Gnade, Diener und Knecht des Schöpfers ist er der Natur nach. Sooft der Herr eine klösterliche Gemeinde gründet, geht er gleich dem Hausvater im Evangelium hinaus, „um Arbeiter zu dingen" (Mt 20,1). Und das ist nichts, was uns in Erstaunen setzen darf. Denn „der Mensch wird zur Arbeit geboren wie der Vogel zum Fluge" (Ijob 5, 7) … Das Gesetz der Arbeit stammt von Gott und ist zu dem Zweck dem Menschen gegeben, einmal, dass er durch die Arbeit seine Körper- und Geisteskräfte ausbilde, stähle und steigere; dann, dass er den Schöpfer selbst, dessen Ebenbild er ist, nachahme und ihm gleichsam seinen Tribut als Geschöpf entrichte. Diese Pflicht zur Arbeit war ursprünglich ein angenehmer Ehrendienst, wurde aber dann durch die Sünde zur Strafe, so dass der Mensch fortan „im Schweiße seines Angesichtes" sein Brot essen musste. So wurde sie zu einem Joch, das auf allen lastet. Auch unser Erlöser nahm es uns nicht ab, wiewohl er es erträglicher und leichter machte, da er der Arbeit ihre Ehre wieder gab, und sie mit noch höherem Adel zierte.

Maurus Wolter

7 Wer nicht die Mühsal der Menschen teilt, wird gewiss die Mühsal der Dämonen teilen.

Bernhard von Clairvaux

8 In deiner Arbeit erfreue Gott und folge ihm nach. Der Vater, der die Schöpfung ins Leben ruft, der richtet und die Welt am Leben erhält, arbeitet. Der Sohn, der Zimmermann geworden ist und durch sein Wort das Universum erhält, arbeitet. Auch der Geist arbeitet: Ohne Unterlass ist er am Werk, indem er unsere Herzen und das Angesicht der Erde erneuert. Freue dich, in der Arbeit nach dem Bilde Gottes zu leben. Sohn Adams, streng dich an, mit deinen eigenen Händen zu arbeiten, um an der Vollendung seiner Schöpfung mitzuwirken und dir die Erde untertan zu machen; um teilzuhaben an seiner Erlösung, indem du im Schweiße deines Angesichts dein Brot verdienst, wie es Gottes Wille ist. Lebe in deiner Arbeit das tägliche Ostern, indem du von der mühevollen Last zum Opfer übergehst, vom Zwang zur Annahme. Vom unterworfenen Menschen wirst du zum Sohn und Mitarbeiter.

Jerusalem-Gemeinschaften

9 Es wurde festgelegt, dass die alte und gottgefällige Praxis der Handarbeit sowohl in den Klöstern selber wie auch dort, wo dies in schicklicher Weise und dem Blickfeld der Öffentlichkeit entzogen geschehen kann, wenigstens teilweise wieder aufge-

griffen werde, so dass die Brüder mit Ausnahme der Festtage, an denen es nicht erlaubt ist zu arbeiten, zu jeder Zeit ununterbrochen einer nützlichen Tätigkeit nachgehen. Der Grund für diese Einführung liegt im Müßiggang, der nach den Worten des Vaters Benedikt einen Feind der Seele darstellt und einen Großteil unserer Mönche, vor allem der Konversbrüder, in Beschlag nahm. Das führte dazu, dass mit Ausnahme einiger weniger, die lesen oder schreiben, alle anderen an die Mauern des Klosters gelehnt schlafen oder – soweit ihnen das ohne Strafe möglich war – von Sonnenaufgang bis Sonnenuntergang, ja fast die halbe Nacht, nahezu die ganze Zeit mit nichtssagenden, leeren und – was noch schlechter ist – destruktiven Unterhaltungen zubrachten.

Petrus Venerabilis

10 Damit also bei euch, meine Brüder, der Liebhaber und Spender der Ruhe einkehrt, gebt euch nach dem Rat des Apostels alle Mühe, ruhig zu sein. Wie wird das der Fall sein? Ich sage euch, so schreibt er: „Ihr sollt euch um die eigenen Aufgaben kümmern und mit euren Händen arbeiten" (1 Thess 4,11). Die Arbeit ist wie ein Gewicht; wie nämlich die Last zum Schiff, so gehören Ruhe und Besonnenheit zu einem ruhelosen Geist, aber auch der äußere Zustand des Menschen erhält dadurch Festigkeit und Halt.

Guerric von Igny

11 Arbeite wie ein guter Soldat Christi Jesu und führe sorgfältig aus mit deinen Händen, was immer dir im Gehorsam aufgetragen wird … Einem Mönch darf keine Arbeit zu schwer, keine Zeit zu lang und keine Beobachtung einer Verpflichtung zu streng erscheinen, womit man sich die Herrlichkeit der ewigen Seligkeit erwirbt.

Johannes Trithemius

12 Der Mönch arbeitet … nicht, um seine natürlichen Neigungen zu befriedigen, um Ergötzung zu suchen, um Ehre zu gewinnen, um irdischen Gewinn zu erhaschen, sondern er will Gott den gebührenden Dienst entrichten und ihn mit all seinen Kräften verherrlichen: „Ich weihe mein Werk dem König" (Ps 44,2). Je aufrichtiger er dieses Ziel festhält und ihm alle anderen Ziele unterordnet, desto edler wird das Werk, desto reicher seine Frucht, desto sicherer der Lohn.

Bonaventura Rebstock

13 Aus diesem Grund ist in Ägypten von alters her folgender von den Vätern aufgestellte Grundsatz in Geltung: Der arbeitende Mönch wird von einem, der müßige aber von unzähligen Dämonen geplagt.

Johannes Cassian

14 Da Benedikt seine Regel für Zönobiten schreibt, bedarf es keiner eigenen Motivierung der Arbeit. Sie versteht sich von selbst in einer Gemeinschaft, in der alle für alle arbeiten. Nur zu Beginn des 48. Kapitels heißt es: „… Müßiggang, Untätigkeit, ist ein Feind der Seele.“ Umgekehrt könnte man sagen: Tätigkeit, Arbeit, ist ein Freund der Seele. Benedikt weiß, dass die Arbeit nicht nur für den Lebensunterhalt notwendig ist, sondern auch für die seelische Gesundheit des Mönches. Auch der Mönch kann nicht ohne Arbeit sein, die ihn ausfüllt, was freilich nicht immer heißen muss, dass er sich selbst die ihm aufgetragene Arbeit wählen würde, wenn es ihm freigestellt wäre.

Judith Frei

15 Jene Seraphim, die Jesaja einst schaute, waren mit sechs Flügeln ausgestattet. Die Tätigkeiten der Benediktinermönche … sind nach der Auffassung des hl. Benedikt mit ebensovielen gottesfürchtigen Absichten zu versehen, damit sie zum Himmel aufsteigen und der göttlichen Majestät wohlgefällig sein können. Der erste Flügel bedeutet, dass unsere Handarbeit in der Gegenwart Gottes verrichtet wird … Der zweite Flügel besagt, dass wir dabei unseren eigenen Kräften misstrauen … Der dritte Flügel verweist darauf, dass wir im Vertrauen auf Gottes Beistand seine Hilfe erflehen … Der vierte Flügel oder eine Voraussetzung für die

Arbeit des Mönchs besteht darin, dass sie in Demut ausgeführt wird ... Der fünfte Flügel steht für ihre Verbindung mit dem Gehorsam ... Der sechste und letzte Flügel unserer Verrichtungen ist ein Sinnbild dafür, dass der Mönch gleichsam sich selber seines Werkes entledigt und entäußert, es ganz Gott zuschreibt, auf dessen Verherrlichung ausrichtet und ihr weiht.

Benedikt Haeften

16 Man kann zwar bedauern, dass Benedikt „unsere Väter und die Apostel" nur beiläufig erwähnt hat, so dass es seinem Verweis auf die große paulinische Lehre an Eindeutigkeit fehlt. Bedenkt man jedoch die außerordentliche Knappheit seiner Lehrbegründungen, muss man von Glück sagen, dass die Erntearbeiten ihn zwangen, sich zumindest summarisch auf die traditionelle Lehre zu berufen. So wissen wir, was der tiefe Sinn der benediktinischen Arbeit ist. Für Benedikt ging es nicht darum, in sozialer oder kultureller Hinsicht zu wirken – wie es gewisse moderne Autoren haben wollen –, noch einfach darum, seine Mönche vor Müßiggang zu bewahren, wie andere meinen. Erstere stellen sich Benedikt als einen kühnen Neuerer vor ... Die zweiten glauben, dass die alten Mönche ... in der Arbeit nur einen asketischen Zeitvertreib sahen. In Wirklichkeit steht Benedikt genau in der Tradition der Väter ... Für ihn ist die Arbeit nicht

nur eine asketische Übung, eine Beschäftigung, die den Müßiggang unmöglich macht. Sie ist auch eine Verpflichtung dem anderen gegenüber; die Mönche müssen ihren Lebensunterhalt verdienen und Almosen geben.

Adalbert de Vogüé

17 Keiner von euch, Brüder, soll die Zeit, die mit müßigem Reden verbracht wird, für eine Kleinigkeit ansehen: Es ist ja die Zeit der Gnade und der Tag des Heiles (2 Kor 6, 2). Unwiderruflich fliegt das Wort, unwiederbringlich fliegt die Zeit, und der Tor merkt gar nicht, was er verliert. „Nett ist es zu plaudern“, sagen sie, „bis die Stunde vorüber ist.“ Oh, bis die Stunde vorüber ist! … Machen es vielleicht die Bauern so, wenn die lang ersehnte Gelegenheit zum Säen da ist, oder die Winzer, wenn die erwartete Zeit zum Beschneiden gekommen ist? Freuen sie sich etwa, wenn sie eine andere Beschäftigung gefunden und den Tag müßig verbracht haben – so, als wäre das ohne Tadel möglich? … Doch würde wenigstens nur die Lebenszeit beim Reden verloren gehen! Viele verlieren dabei aber nachweislich sogar das Leben selbst, und sie verlieren es nicht nur selbst, sondern sie rauben es sogar, und das ihren Brüdern!

Bernhard von Clairvaux

18 Muße ist sicher eine Frage danach, womit wir unsere Zeit verbringen, wenn wir nicht arbeiten. Sie ist aber mehr noch eine Frage danach, wie wir leben. In einem ersten Schritt wirkt sich die Muße aus als Fähigkeit, die einzelnen Elemente unserer Lebensform angemessen zu leben: weder Gebet, Arbeit, Lesung noch gemeinsames Leben überzubewerten, und ihren ständigen Wechsel zu akzeptieren. Dieser Wechsel ist eingebunden in die Stetigkeit, mit der er sich Tag für Tag vollzieht, und die uns „zwingt", uns immer wieder auf das Wesentliche zu konzentrieren. Diese Konzentration auf das Wesentliche ist gleichbedeutend mit der Distanz zur Zerstreuung – ein weiteres Kennzeichen der Muße.

Michaela Puzicha

19 Alle Menschen suchen Ruhe: alle, die studieren, alle, die Kunstwerke schaffen, alle, die schwere Arbeiten verrichten, suchen letzten Endes die Ruhe und streben zu ihr hin, auch wenn sie oft auf dem Weg, den sie dazu einzuschlagen haben, diese Ruhe nicht finden … Alle, die sich den verschiedensten Studien und Arbeiten hingeben: Sie wollen in all dem die Ruhe finden, wollen zur Ruhe gelangen und etwas erreichen, was sie erfreut, und worin sie voll Freude ruhen können.

Balduin von Ford

20 Wohin soll ich mich aus meinem so vielfältigen, so großen Elend wenden? Wohin soll ich gehen, um Ruhe zu finden? Denn überall habe ich die Ruhe gesucht, doch überall, wo ich sie gesucht habe, habe ich sie nicht gefunden. O Ruhe, wo bist du, und wo kann ich dich finden? Ich weiß, ich kann dich nicht finden, wenn du nicht zu mir kommst. Herr und Gott, du allein bist die Ruhe der Seelen, und wir haben keinen Frieden vor unserem ganzen Elend, wenn er nicht durch dich und in dir kommt … Schenke mir nun die Gnade, dass ich sagen kann: „Der mich erschaffen hat, ruht in meinem Zelt." Errichte in mir dein Zelt und ruhe in mir, damit ich in dir ruhe. Denn darin besteht deine Ruhe: dass du die Ruhe in uns wirkst. Wirke du also in mir, dass ich vor allem und über alles dich liebe; dass ich außer dir nichts begehre, und dass ich in dem, was ich erstrebe, dich erstrebe oder es um deinetwillen erstrebe: Dann wird der Friede mir zuteil, und ich werde Ruhe haben in meinem Herzen.

Balduin von Ford

21 Noch eine letzte Funktion hat die Arbeit für das geistliche Leben. Sie ist ein Test auf seine Echtheit. Ohne Arbeit könnte das Gebet ein frommes Kreisen um sich selbst werden. Man genießt seine religiösen Gefühle, bleibt aber bei sich selbst stehen und begegnet nicht wirklich Gott,

sondern nur seinen eigenen Phantasiebildern. Die Fähigkeit, effektiv zu arbeiten, ist ein Zeichen, ob die frommen Gefühle und religiösen Bilder stimmen und gesund sind.

Fidelis Ruppert/Anselm Grün

22 Die Arbeit ist ohne Zweifel, sowohl für den Mann wie auch für die Frau, der Ort des menschlichen und spirituellen Wachstums und das Instrument, um dieses Wachstum zu messen; und die Entwicklung der Persönlichkeit geschieht in starkem Maße durch die Arbeit. Sie ist für jeden ein wesentlicher Faktor für die psychische Ausgeglichenheit. Normalerweise arbeiten die Mönche, und manchmal sogar viel; aber das genügt nicht, und man weiß sehr gut, dass zahlreiche Konflikte, Frustrationen und Schwierigkeiten im Leben der Kom- munität gerade von der Arbeit herrühren … In einem Leben, in dem es oft so wenige konkrete stimulierende Faktoren gibt …, müssen die Arbeit und das Studium ihre Früchte tragen, einen Nutzen haben für die Kommunität, sie müssen rentabel sein, auf intelligente Weise ausgeführt werden, mit persönlicher Note, mit Verantwortlichkeit und Initiative.

Enzo Bianchi

23 Ein anderes Mal kam ein einfältiger Gote zu ihm, der Mönch werden wollte. Benedikt, der Mann Gottes, nahm ihn liebevoll auf. Eines Tages ließ er ihm ein Werkzeug geben, das man wegen seiner Form Sichelmesser nennt. Er sollte damit an einer bestimmten Stelle das Dornengestrüpp aushauen ... Als der Gote das Dornendickicht mit aller Kraft auszuhauen versuchte, sprang die Klinge vom Stiel und fiel in den See ... Als der Mann Gottes, Benedikt, das hörte, ging er hin, nahm dem Goten den Stiel aus der Hand und hielt ihn in den See. Sogleich kam die Klinge aus der Tiefe empor und fügte sich wieder an den Stiel. Benedikt gab dem Goten das Werkzeug zurück und sagte: „Geh wieder an deine Arbeit und sei nicht traurig!"

Gregor der Große

24 Wenn wir an unserer Arbeit nicht immer soviel Freude finden, wie wir möchten, dann soll uns das Leben Jesu selbst ... daran erinnern, dass sein Lebensschicksal als Teil seines schöpferischen Werkes überwältigenden Schmerz in sich barg genauso wie Freude. Beides mag zu bestimmten Zeiten unseres Lebens auch unser Anteil sein. Das Wichtige ist, dass wir unsere Arbeit mit der gleichen Haltung angehen, wie wir sie unserem Besitz gegenüber haben sollen: Wir sind Verwalter, nicht Sklaven; was wir tun und was wir haben, gehört zu dem Leben, das Gott uns verliehen hat; und durch

dieses Leben als Ganzes, mit all seinen unscheinbaren Forderungen, werden wir zu ihm gelangen.

Esther de Waal

25 Solange es Arbeit gibt, gibt es Hoffnung. Die Arbeit des Einzelnen bewirkt Hoffnung, indem sie Leben ermöglicht und Wohlstand mehrt. Als Teilhabe an der fortdauernden Schöpfung Gottes hilft sie uns, erwartungsvoll in die Zukunft zu schauen. Wann immer wir beten, können wir Gott Hände entgegenhalten, die niemals leer sind.

Basil Hume

26 Man erzählte vom Altvater Johannes Kolobos, dass er einmal zu seinem älteren Bruder sagte: „Ich will ohne Sorgen sein, so wie die Engel sorglos sind, und nicht arbeiten, sondern unaufhörlich Gott dienen.“ Er legte sein Kleid ab und ging in die Wüste. Nachdem er eine Woche dort verbracht hatte, kehrte er zu seinem Bruder zurück. Als er an die Türe klopfte, erkannte ihn sein Bruder, bevor er öffnete, und sprach: „Wer bist du?“ Er antwortete: „Ich bin Johannes, dein Bruder!“ Der Bruder antwortete: „Johannes ist ein Engel geworden und gehört nicht mehr zu den Menschen.“ Da flehte er ihn an und sagte: „Ich bin es doch!“ Der andere aber öffnete ihm nicht, sondern ließ ihn bis zum Morgen in dieser unbequemen Lage. Erst später öffnete er und sagte: „Wenn du

ein Mensch bist, dann musst du arbeiten, damit du deine Nahrung findest." Da bereute Johannes und sagte: „Verzeihe mir!"

Weisung der Väter

27 Treu müssen wir unsrer Hände Arbeit verrichten, nicht wie die Weltleute, die dafür nur einen vergänglichen Lohn empfangen. Denn wir werden nicht nur zeitlichen Lohn erhalten, sondern eine unverwelkliche Krone im Himmel. Beachte es wohl! Die heiligen Engel sind gerade den arbeitenden Hirten erschienen und verkündigten ihnen zuerst die Frohbotschaft von Christi Geburt. Doch seien wir in unsern Arbeiten nicht übermäßig, noch verrichten wir sie zur Unzeit, sondern mit Maß und richtiger Auswahl.

Garcia de Cisneros

28 Der hohe asketische Wert, der seit den ältesten Zeiten der Arbeit von christlichen Geistesführern zugesprochen ist – vielleicht am tiefsten und schönsten von Benediktus in seiner Regula –, dieser Wert der Arbeit nicht zunächst für Welt, Volkswirtschaft, Bedürfnisdeckung, sondern für den Menschen selbst und für seine Seele, fordert auch, dass der arbeitende Mensch, der Arbeiter, niemals ganz im Reiche der Arbeit aufgehe; fordert, dass er immer auch noch in einem Reiche über und neben seiner Arbeit wohne, dass er als Seele woh-

ne im unsichtbar-sichtbaren Gottesreiche als dessen Glied und Bürger; fordert ferner, dass er genug Muße, Freiheit und Ruhe zu jenem Akte der Sammlung habe, in der er sich immer neu auf diesen höchsten Wert seiner Arbeit besinnen kann.

Max Scheler

29 Die Fruchtbarkeit unseres Lebens hängt weitgehend von unserer Fähigkeit ab, unsere eigenen Worte anzuzweifeln und den Wert unserer Arbeit in Frage zu stellen. Wer seiner eigenen Selbsteinschätzung vollkommen vertraut, ist zur Unfruchtbarkeit verurteilt. Bei allem, was er unternimmt, verlangt er weiter nichts, als dass er es tut. Tut er es, so muss es gut sein. Was er sagt, muss unfehlbar sein ... Einen anderen Erfolg sucht er nicht und darum wird ihm meistens auch kein anderer zuteil.

Thomas Merton

30 Es liegt nämlich in der Sache, dass alle Arbeit solange mühsam erscheint, wie sie nur in der Abstraktion des Geistes erwogen wird; wenn man aber zur Sache gekommen ist und den Anfang des Tuns ein wenig vorangetrieben hat, dann wird mit nur wenig Mühe die lästige Angst davor vertrieben. Im Erfolg gewinnt das Tun Süße.

Johannes von Kastl

31 Wenn die Arbeit als asketische Übung „Arbeit an sich selbst“ ist, so ist Arbeit als selbstloser Dienst für andere zugleich „Arbeit am anderen“, nämlich im Sinne der geistlichen Auferbauung durch das Sichtbarmachen der Liebe Christi! Dadurch hat die Arbeit eine ungemeine gemeinschaftstiftende Bedeutung, und zwar für das Kloster selbst wie für dessen Beziehung nach außen. Dass gemäß der Überlieferung des frühen Mönchtums gerade die Handarbeit und diese als Arbeit am „letzten Platz“ bevorzugt wurde, bedeutet dann eine besondere Solidarität mit den unterprivilegierten Schichten, in denen für Benedikt Christus ja in besonderer Weise zugegen ist.

Emmanuel Jungclaussen

September

1 Das gegenwärtige Leben ist ein Weg. Solange der Mensch lebt, geht er. Ununterbrochen nämlich steigt er entweder hinauf oder hinab. Entweder er steigt hinauf zum Himmel oder er steigt hinab in die Unterwelt. Sooft er etwas Gutes tut, macht er einen Schritt nach oben, sooft er sich verfehlt, macht er einen Schritt nach unten. Dieser Aufstieg bzw. Abstieg wird von einer Seele dann erkannt, wenn sie aus dem Leben scheidet. Wer zeit seines Lebens bestrebt ist, durch gute Sitten und Werke hinaufzusteigen, wird seinen Platz unter den heiligen Engeln erhalten; wer durch böse Sitten und Taten hinabsteigt, der wird mit den gefallenen Engeln in die Unterwelt versenkt.

Anselm von Canterbury

2 Das lebendige Licht spricht: Trockener Sand ist unnütz, und die Erde, welche durch den Pflug zu stark zerbröckelt wird, wird keine rechte Frucht geben, weil sie nicht die rechte Art der Zubereitung gehabt hat. Trockener, steiniger Boden bringt Dornen und andre unnütze Pflanzen hervor. So richtet eine unangemessene Enthaltsamkeit, die keine rechte Art und Haltung hat, das Fleisch des Menschen zu Grunde, weil ihm nicht die Kraft zur

richtigen Erhaltung gewährt wird. Deshalb verdorrt auch der Mensch. Wo dies der Fall ist, da werden sicherlich die geflügelten Tugenden, namentlich die Demut und die Liebe, welche zu den schönsten Tugenden gehören, zu Grunde gehen, weil eine zu strenge Enthaltsamkeit den Tugenden die Triebkraft entzieht. Nur ein windiger, nutzloser Ruf wächst auf, und es begibt sich das vielfach Schreckliche, dass solche für Heilige erachtet werden und sind doch nicht heilig.

Hildegard von Bingen

3 Eines … ist gewiss: Die Welt, in der wir aufgewachsen sind, und deren Luft wir alle mehr oder weniger eingeatmet haben, charakterisiert die theoretische und praktische Leugnung der Erbsünde und ihrer Folgen. Ihre Anschauung von der vermeintlichen Freiheit stützt sich … auf die Voraussetzung: die menschliche Natur sei frei von Erbschuld, könne von Jugend an den Weg des Guten kennen und gehen und habe nicht nötig, sich Gewalt oder Zwang anzutun und brauche eines anderen Hilfe nicht zu beanspruchen. Daraus erklärt sich auch der gänzliche Mangel an Verständnis selbst bei solchen, die von Natur aus religiös veranlagt sind, sobald es sich um Dinge handelt, die nach Gottes Absicht der Neugestaltung des gefallenen Menschen dienen sollen. Die anderen Übungen des christlichen Lebens lässt man noch halb-

wegs gelten, für das strenge Gesetz der Buße fehlt jedes Verständnis. Wie blind stößt man sich an dem Walle der Abtötung.

Germain Morin

4 Wer sich selbst entsagt, schafft Raum und Stille für das Wirkliche. Er kann es unverstellt an sich heranlassen, ohne es nach eigenem Diktat zurechtzubiegen. So kann er auch den anderen um seiner selbst willen, als den anderen sehen, hören und erkennen. Wenn die Mönche um Gottes willen die Entsagenden wurden, schafften sie damit die Voraussetzung zum Hören bis in seine letzte Dimension: Sie wurden Gott-Vernehmende … Man kann sie deshalb geradezu die Hellhörigen nennen.

Corona Bamberg

5 Der Ausdruck „Selbstüberwindung“ kann zuweilen einen recht unangenehmen Beigeschmack bekommen; denn nur allzu oft ist damit nicht die Überwindung unserer selbst, sondern der mittels eigener Kraft durch uns selbst errungene Sieg gemeint. Was wird letzten Endes besiegt? Auf jeden Fall ist unser Ich das, was nicht besiegt wird. Echte Selbstüberwindung bedeutet einen Sieg über uns selbst, den nicht wir, sondern der Heilige Geist erringt. Wenn wir uns wirklich selbst überwinden, dann werden wir ja im Grunde überwunden. Doch bevor unser Selbst bereit ist, sich überwinden zu

lassen, sich auszuliefern, müssen wir zunächst wir selbst werden. Denn niemand kann etwas hingeben, aufgeben, was er nicht vorher selbst besitzt.

Thomas Merton

6 Würden wir uns ein wenig beobachten, würden wir den unseligen Hang nach Selbsterhöhung in uns bemerken. Der geringste Anschein einer Demütigung lässt uns verzweifeln, und sogleich suchen wir nach Mitteln und Wegen, sie zu beseitigen. Man will keineswegs getadelt und korrigiert werden, auch soll man uns nicht widersprechen, man will immer nur gelobt sein. Auf diese Weise entfernt man sich sehr von der Wahrheit.

Cathérine de Bar

7 Wer hätte alle wilden Triebe an sich so vollständig abgeschnitten, dass er glauben könnte, er habe nichts mehr, was beschnitten werden sollte? Glaubt mir, die beschnittenen Zweige wachsen wieder nach; was vertrieben wurde, kehrt zurück; das ausgelöschte Feuer beginnt wieder zu brennen; die beruhigten Leidenschaften erwachen wieder. Es ist zu wenig, den Weinstock einmal beschnitten zu haben. Man muss ihn oft beschneiden, ja, man muss ihn, wenn möglich, immer beschneiden, weil man, wenn man ehrlich ist, immer etwas findet, was beschnitten werden soll.

Bernhard von Clairvaux

8 Wer sich im geistlichen Leben an Ordnung hält, geht mit Eifer daran, das einmal Festgesetzte auszuführen; er würde sich schämen, es aus Trägheit zu unterlassen. Daher pflegen eifrige Seelen für bestimmte Zeiten und Stunden sich an gewisse Übungen zu binden. Und das ist sehr nützlich, um nicht im Eifer nachzulassen und zu erkalten. Gern legen sie sich solche Beschränkung auf; ihre Treue in der Einhaltung wetteifert mit dem glühenden Verlangen nach Fortschritt. Und wie nach der Lehre der Heiligen aus der Vernachlässigung Lauheit, Kälte und Überdruss entsteht, so erwächst aus ihrer beständigen eifrigen Pflege eine friedlich-heitere Seelenstimmung, oft als bleibender Zustand, stets – wenn auch nur vorübergehend – voll Freude und Trost.

Garcia de Cisneros

9 Die Aszese in ihrer eigentlichen und wahren Bedeutung ist eine Art „Training“. Das Wort stammt von einem griechischen Ausdruck, womit man die fortgesetzte Übung bezeichnete, der sich die Athleten für die Kampfspiele unterziehen mussten, wie unsere Sportler es heute noch tun … Nach dem alten Abt bei Cassian bedeutet also das aszetische Training im christlichen Leben zuerst Krieg gegen jede böse Neigung, gegen jeden Hang zur Sünde, dieses allgemeine Erbe unserer gefallenen Natur. Und in zweiter Linie bedeutet Aszese die

Pflege und Übung der Tugenden und die Erziehung zu guten Gewohnheiten. Die Seele ist wie ein Garten, und die erste Arbeit des Gärtners ist das Ausreißen des Unkrauts; hierauf muss er anpflanzen und sodann Gemüse und Blumen pflegen. Diese beiden Tätigkeiten müssen immer Hand in Hand gehen ... So verstanden, sind Aszese und Abtötung die Vorbedingung jedes christlichen Lebens ... Denn ein Leben ohne anhaltende Abtötung, Selbstbeherrschung und Selbstverleugnung wird notwendigerweise ein missgestaltetes Leben sein.

Cuthbert Butler

10 Es ist besser, an sich zu zweifeln und im Dunkeln zu tappen, als mit sich selber zufrieden zu sein. Schon allein aus Furcht, etwas von einem Pharisäer an sich zu haben. Demut ist für uns selber nicht angenehm, so gerne wir sie an anderen sehen. Pharisäismus hingegen ist höchst angenehm für uns selber, aber nicht für andere. Wenn man sich selber nur vergessen könnte! Das klingt allerdings nicht richtig. Ich sage ja immer, Selbstsucht ist die weitverbreitetste Sünde.

John Chapman

11 Man wird kämpfen müssen, um „treu" zu bleiben und entsprechend zu leben, weil nichts für diese christliche Eigenart sprechen wird und alles dagegen. Die Askese wird für alle darin beste-

hen, sich in einer Freiheit einzuüben, die darauf zielt, sein zu wollen, was man ist, was Gnade und Taufe aus uns gemacht haben. Man wird in zunehmendem Maße das Wollen lernen, den eigenen Willen kultivieren müssen, ohne in einen blinden und verkrampften Voluntarismus zu verfallen, der dazu führen würde, dass man will, um zu wollen, ohne zu wissen, warum man will.

Jean Leclercq

12 Der Sieger über die Dämonen wird ein Gefährte der Engel; wer wie ein Fremder durch die Welt geht, der wird ein Erbe des Paradieses; wer sich verleugnet, der ist ein Nachfolger Christi.

Petrus Damiani

13 „Wer mein Jünger sein will, der verleugne sich selbst, nehme sein Kreuz auf sich und folge mir nach“ (Mt 16,24). Es ist, als wollte er (= der Herr) sagen: Wer sich nach mir sehnt, achte sich selbst gering; wer meinen Willen tun will, lerne, seinen zu brechen.

Bernhard von Clairvaux

14 Unser Kreuz, Brüder, besteht in der Verleugnung unseres Eigenwillens.

Johannes Trithemius

15 Sie (= die Mönche) bedienen sich der zeitlichen Hilfen wie sich ein Wanderer des Schattens und des Lagers bedient; er ruht sich körperlich aus, geistig aber verlangt es ihn, sich woanders hin zurückzuziehen. So lehnen sie es auch ab, den Schritt ihres Herzens auf vergängliche Dinge zu richten, um nicht durch die Freude unterwegs vom Zielort der ewigen Wohnung abzukommen. Sie möchten sich nämlich ihrer eigenen und eigentlichen Wohnung erfreuen und lehnen es daher ab, schon am Ort ihrer Wanderschaft das verheißene Glück zu genießen.

Odo von Cluny

16 Versage dem Körper das Nötige an Speise, Trank und Ruhe nicht! Mäßige dich in deinen Abtötungen, du wüsstest denn durch eine sichere Eingebung des Heiligen Geistes, dass dieser ungewöhnliche Abbruch Gott wohlgefällig ist. Ein übermäßiger Entzug dieser Stärkungsmittel – wie auch allzu große geistige Anstrengung und Überspannung der Einbildungskraft – bringen nicht selten für Geist und Leib große Nachteile mit sich, ja sie sind gelegentlich Ursache von ernsten Geistesstörungen. Fasten, Wachen, körperliche Anstrengungen sind dem Herrn gewiss angenehm, wenn sie aus Liebe zu ihm in vernünftigem Maß geübt werden. Aber noch weit angenehmer sind ihm Reinheit des Herzens, Demut und Liebe. Um dieser Tugenden

willen werden ja jene Abtötungen empfohlen, nicht um ihrer selbst willen. Soviel daher an dir liegt, beobachte in allen Dingen eine feste Ordnung und ein weises Maß. So wirst du überall die innere Freiheit bewahren und im Vollbesitz deiner geistigen und leiblichen Kräfte bleiben.

Ludwig Blosius

17 Askese, Einüben in das Christsein, ist die Sache eines jeden Christen. Ich wundere mich immer, wie wenig Zeit für dieses Einüben übrigbleibt, denn was das Christsein fordert, ist ein Dauereinüben ... An der Schwelle dieser Askese steht das „Zu-sich-selbst-Kommen", Selfcontrol, sich in die Hände nehmen, Selbstzucht von Leib und Seele. Es ist eine ernste Angelegenheit, zu der man täglich einige Augenblicke braucht. Es geht darum, seiner selbst bewusst zu sein und nicht einfach dahin zu leben. Sich fragen, wer bin ich, welchen Sinn hat mein Leben ... „Wer keine Zeit mehr hat", sagte mir ein Orientale, „ist tot". In sich selbst einkehren, „mit sich selbst wohnen" ..., das ist der erste Schritt der Askese. Ich bin mir bewusst, dass er nicht leicht ist. Er braucht ungeheueren Mut. Er kann eine kleine Revolution in meinem Leben bedeuten.

Nikolaus Egender

18 Benedikt rechnet … mit einem Pluralismus von – freilich genügsamen – Lebensstilen sogar innerhalb desselben Klosters. Jeder soll zu dem stehen, was er wirklich braucht. Denn nicht nur wer unersättlich nach den Werten des Lebens giert, ist unfähig zum Glück, sondern auch wer sie in fiktiver Selbstgenügsamkeit verachtet. Eine „Kultur der Bedürfnisse“ und eine „Würde des Empfangens“ müssen eingeübt werden. Durch sie gewinnen wir im Empfangenen unsere eigene Würde, statt Sklaven der Güter zu werden. Zugleich wahren wir dabei auch die Würde des Empfangenen, statt im Wechsel von Unersättlichkeit und Ekel zu verachten, was wir uns aneignen. Wir müssen fähig werden, alle endlichen Werte so schöpferisch anzunehmen, dass wir sie dadurch in jene Gestalt verwandeln, die den unendlichen Wert, nach dem wir letztlich hungern, bezeichnet und enthält. Das setzt voraus, für echte eigene Bedürfnisse sensibel zu sein, über sie zu reflektieren, sie auszudrücken und schließlich auch im Blick auf die anderen Glieder der Gemeinschaft fair durchsetzen zu können.

Georg Braulik

19 Einstmals überdachte und überlegte ich bei mir durch Zeiten hin, wie ich denn endlich den Augen meines Geistes eine Kurzformel und -regel fester einprägen könne, um damit ständig umzugehen, innen wie außen … Als ich dies be-

dachte und überlegte, stand nach mannigfachen, diesbezüglichen Mühen nichts anderes vor meinen Augen als das eine: Anfang, Ziel, Weg und Ende, Verdienst und Lohn, das Höchste und das Endgültige, nämlich der Herr, unser Gott, Jesus Christus, unser Ruhm und unsere Glückseligkeit. Und so richtete ich mich, mit meinem ganzen Sein unabdingbar hin auf ihn, den verwundeten Herrn Jesus Christus. Dabei bin ich von allem anderen losgelöst und ganz in mich selbst zurückgezogen – doch nicht mit entwurzelten und verdunkelten Sinnen und Kräften, sondern mit ihrem in mir gesammelten Streben und Trachten; und darüber habe ich alles andere – im ganzen wie im einzelnen – abgewiesen und vergessen.

Johannes von Kastl

20 Der Geist des hl. Benedikt ist mehr darauf gerichtet, einfach Christen heranzubilden, welche danach streben, alle Tugenden gleichmäßig im hohen Grade zu pflegen, ohne eine derselben besonders hervorzuheben. Der heilige Ordensvater trennt sich auf diesem Gebiete völlig von den Vorstellungen, welche in Bezug auf Bußübungen bei den Vätern der Wüste und den Aszeten des Orients geläufig waren; ohne die äußere Abtötung zu vernachlässigen, stellt er in seiner Aszese die höchsten Anforderungen an die Tugenden der Demut und besonders des Gehorsams; von diesen hauptsäch-

lich erwartet er die „Vernichtung des alten Menschen“, welche notwendig ist für das Erblühen der Vereinigung der Seele mit Gott (Röm 6,6).

Columba Marmion

21 Askese … bezeichnet streng genommen willentliche Schulung, Selbstzucht im weitesten Sinne des Wortes. In diesem Sinne ist sie ein notwendiges Element jedes ernsthaft christlichen und überhaupt jedes wohlgeordneten sittlichen Lebens. Aber auf das gewöhnliche Tugendstreben wird das Wort kaum angewandt; es bezeichnet vielmehr ein besonderes Tugendstreben, planmäßige Anstrengungen auf dem Gebiet der Selbstverleugnung und geistigen Vervollkommnung über das Maß des zum Heil Erforderlichen hinaus.

Cuthbert Butler

22 Amma Synkletika sagte: „Es gibt eine überspannte Askese, die vom Feinde ist. Denn auch seine Schüler üben sie. Wie nun unterscheiden wir die göttliche, königliche Askese von der tyrannischen, dämonischen? Offenkundig durch das Maß. Alle deine Zeit sollst du eine Norm für das Fasten haben. Faste nicht vier oder fünf Tage, und brich es nicht die übrige Zeit durch eine Fülle der Speisen. Denn überall ist die Maßlosigkeit verderbenbringend. Solange du jung und gesund bist, faste. Es kommt das Alter mit seiner Schwäche. So-

viel du kannst, häufe dir einen Schatz an (geistlicher) Nahrung auf, damit du Ruhe findest, wenn du nicht mehr kannst."

Weisung der Väter

23 Endlich erwäge aufmerksam, welch herrliche und gesegnete Früchte die Abtötung zeitigt. Weil sie den Leib und seine Begierden der königlichen Herrschaft des Geistes unterstellt, ist sie der Tod der Sünde, der Seele aber bringt sie das wahre göttliche Leben. Sie ist gewissermaßen Anfang und Keim der künftigen Erlösung und Herrlichkeit des Leibes. Denn unter der Führung und Leitung der siegreich wirkenden Gnade wird das Fleisch in eine höhere Ordnung erhoben … Die Abtötung macht dich in der Tat versöhnlich und friedfertig, liebenswürdig und angenehm. Sie kehrt dich ab von weltlichen Gelüsten und erhebt dich in immer höherem Maße zur Freiheit der Kinder Gottes. Sie erfüllt das Herz mit Freude, geistlicher Salbung, Trost und überflutet dich mit dem strahlenden Himmelslicht des Glaubens und der heiligen Beschauung.

Maurus Wolter

24 Es ist töricht und auch falsch, zu vergessen, dass der Weg zu Gott früher oder später der des Kreuzes sein muss. Es ist unfair jenen gegenüber, mit denen wir zu tun haben, ihnen diese Wirklichkeit zu verschweigen. Das Evangelium ist

klar. Die bis zu uns gelangte Überlieferung sagt uns, das Kreuz sei etwas Freudvolles – auch wenn wir im Augenblick, da es uns bedrückt, nichts davon spüren. Aber glauben Sie mir: wenn einer von uns von der Wucht des Kreuzes so sehr niedergebeugt wird, dass er – ob Mönch oder sonstwer – das Gefühl hat, er wolle es nicht und könne es nicht tragen, dann ist es das wirkliche Kreuz. Selbst wenn unser Inneres von einem Gefühl der Auflehnung erfüllt ist: machen Sie sich darob keine Sorge. Solange es leicht ist, etwas „aufzuopfern", ist es noch nicht das „Wahre".

Basil Hume

25 Deine ganze Existenz befindet sich in einer Spannung, in der sie auf das eine Ziel zuläuft in Erwartung des Lohnes, den Gott dir in Jesus Christus dort oben versprochen hat. Dort hat der Herr dir in reichem Übermaß ein ewiges Gewicht an Herrlichkeit bereitet (vgl. 2 Kor 4,17). Dorthin kann man nur gelangen, wenn man wirklich bereit ist, sich selbst zu sterben. Um mystisch zu sein, bleibt monastisches Leben von Grund auf ein Leben in Askese. Der Verzicht ist deine erste Askese. Ohne ihn ist es nicht möglich, Jünger Christi zu sein. Mehr als die Berufung zum Apostolat fordert die Berufung zum Mönchtum zum Verzicht auf ohne Zögern und ohne Abstriche.

Jerusalem-Gemeinschaften

26 Unser Losschälen von den Geschöpfen beginnt in dem Augenblick, da wir sie frei geben und sie in ihrem So-Sein nicht antasten. Nur so vermögen wir, in ihre Wirklichkeit, ihr ureigenstes Wesen, ihr wahres Sein vorzustoßen, das sich uns lediglich dann offenbart, wenn unser Blick sich der geschaffenen Wesen nicht länger bemächtigt, so dass ein Schauen in der Perspektive möglich wird. Aber erst dann wird unser Sehen perspektivisch, wenn wir aufhören, die Geschöpfe in der Umarmung unserer Ichbezogenheit zu halten. Lassen wir jedoch von ihnen, dann beginnen wir, ihres wahren Wesens innezuwerden. Erst dann löst sich langsam die Binde von unseren Augen, so dass sich uns Gott in den geschaffenen Dingen offenbart.

Thomas Merton

27 Wenn jemand mir eine Gabe opfern will, die mir besonders angenehm ist, der übe sich eifrig in folgenden drei Stücken: Erstens, er sei seinem Nächsten treu in all seiner Not und Angst und entschuldige und mindere alle seine Gebrechen und Sünden, soviel er vermag. Wer das tut, dem werde auch ich treulich beistehen in allem, dessen er bedarf; ich werde seine Sünden und Versäumnisse tilgen und ihn bei meinem Vater entschuldigen. Das zweite ist, dass ein Mensch in all seiner Trübsal zu mir allein seine Zuflucht nehme und keinem anderen seinen Verdruss klage, son-

dern mir allein alle Beschwernisse seines Herzens voll Vertrauen öffne; dann will ich ihn in seinen Nöten niemals verlassen. Das dritte ist, dass er in Wahrheit mit mir wandle. Dann will ich ihn an seinem letzten Ende, wie eine Mutter ihren geliebten Sohn, mit väterlichen Umarmungen aufnehmen, damit er ewig ruhe. Wer das erste erfüllt, der hat mir eine so angenehme Gabe geopfert, als ob er alle seine Pflichten gegen den Nächsten getan hätte, wer das zweite, als ob er seine Pflichten gegen sich selbst erfüllt hätte, und wer das dritte, als ob er all seinen Pflichten gegen Gott genügt hätte.

Mechtild von Hackeborn

28 Ihr Kinder des Friedens, wendet eure Ohren weg vom Geschrei der Welt und gebt sie hin und lauscht der Stille des Geistes, der in euch spricht. Bereitet dem Herrn einen immerwährenden Sabbat in eurem Herzen, so wird über euch ruhen der Frieden Gottes, der alle Sinne übersteigt, und ihr werdet erfreut werden durch die Fülle der Süßigkeit. Lasst euch nicht verwirren und beunruhigen noch euren Geist zum Boden niederdrücken, wenn die Welt euch verachtet und euch Toten und Unfruchtbaren gleich behandelt. Wenn durch Schmerzen und Drangsale und Armut euer Leben geschwächt und geknechtet wird, dann seid nicht traurig und wendet eure Augen nicht weg vom Anblick des Lichtes, das vor eurem Gesicht

ist. Seht, es ist nahe! Und diese Welt wird vergehen, und ihre Blüte wird untergehen. Ihr aber werdet als Liebhaber Gottes und des Lichtes erfunden, und ihr werdet auf die Nacken der Hochmütigen euren Fuß setzen. Alle, die es sehen, werden über euren Reichtum und über eure Ehrung in Bestürzung geraten und sie werden staunen, wenn eure Schätze enthüllt werden, die ihr euch im Himmel angesammelt habt.

Elisabeth von Schönau

29 Die Stufe der Beschauung, auf der wir der Ewigkeit des ewigen Gottes gleichgestaltet und in seiner unerschöpflichen Liebe aufgerichtet werden, ist einzig und ewig. Deshalb wird die Seele mehr und mehr gereinigt, je enger und stärker sie auf die Schau Gottes gerichtet ist. Sie zieht nicht näher, außer sie ist gereinigt. Sie schreitet nicht voran, wenn sie nicht gereinigt ist. Sie öffnet sich nicht, wenn sie nicht verherrlicht wird. Sie sieht nicht, wenn sie nicht vergöttlicht wird. Es gibt nichts Reineres in den Geschöpfen als ein so keusches Herz, dem Zugang zu Gott gewährt ist, als ein so reines Bewusstsein, das in Gott entrückt wird, als eine so gute Seele, die erfüllt ist, zu Gott hin zu bersten.

Petrus von Celle

30 Wenn ich einschlafe, dann führt er (= der Bräutigam des Hohenliedes) meine Seele, wie in einem Traum, auf die grüne Weide des Heiligen Geistes, und meine inneren Sinne in den Schein der himmlischen Weisheit. Das ist die höchste Wonne, die in diesem Jammertal hier zu genießen ist. Da dies aber das finstere und elende Land ist, so ist diese Wonne mehr Traum als Wirklichkeit.

St. Trudperter Hoheslied

Oktober

1 Der heilige Patriarch (= Benedikt) hat in seiner Regel immer das einzelne Kloster im Auge. Die Ordnung und Gesetze, die er diesem gibt, sind jedoch so, dass darin das ganze Leben und die gesamte Verfassung des Ordens gegeben ist. Was ist also ein Kloster im Sinn und Geist unseres Gesetzgebers? Nichts anderes als die Kirche im kleinen, deren Züge es in allem trägt. Das Kloster ist eine Familie Gottes. Dieses charakteristische Merkmal stellt die heilige Regel ganz klar in den Mittelpunkt. Demnach ist das Kloster eine Familie von Kindern, die unter einem geistlichen Vater ihrem höchsten König dienen.

Maurus Wolter

2 Wenn die personale Gegenwart Christi das christliche Mönchtum wie alle anderen allgemein menschlichen Grundgegebenheiten von den außerchristlichen Gestalten des Mönchtums unterscheidet, dann sind sie gerade dadurch auch im Wesen kirchlich und stehen zu Christus in der gleichen Lebensbeziehung wie die Kirche insgesamt … Das Mönchsleben der Kirche zu führen beruht darum auf der Erkenntnis, dass der Einzelne nur in der von Christus berufenen Jüngergemeinschaft die Antwort auf den Anruf des Herrn sinnvoll le-

ben kann; denn nur in ihr kommt sein Wort zur Sprache, nur dort, wo dieses Wort Tag um Tag neu ergeht, kann die Gemeinde zum Ort der Offenbarung Gottes werden, an dem er gesucht werden soll und kann und wo er gefunden werden wird.

Emmanuel von Severus

3 Wie sich der hl. Benedikt die ideale klösterliche Gemeinschaft vorstellt, sagt er in den Kapiteln 71 (Der gegenseitige Gehorsam) und 72 (Der gute Eifer der Mönche) seiner Regel. Die klösterliche Gemeinschaft ist kein seelenloses Kollektiv, keine Gemeinschaft von Entpersönlichten, von Nullen, sondern eine Gemeinschaft von Brüdern, die auf Grund des Heiligen Geistes, den sie besitzen, in Liebe einander und dem Abba Christus und dessen Stellvertreter geeint sind. Die klösterliche Gemeinschaft ist zuletzt eine Liebesgemeinschaft: Die Brüder, unter sich Hand in Hand verbunden, hängen in Liebe dem Abba Christus und dem Abte an. Ihnen folgen sie. Ihrem väterlichen Rufe leisten sie kindlichen Gehorsam. Die Brüder anerkennen gegenseitig ihre Gnadengaben, sie erheben sich nicht übereinander. Sie ertragen die unvermeidlichen Schwächen, die jedem anhaften. Die Selbstsucht darf nicht zersetzen und spalten. Die einende Liebe umfasst alle: den Abt und die Brüder. Der Abba Christus ist die alles erhellende, belebende und wärmende Sonne.

Basilius Steidle

4 Die eigentliche biblische Festlegung des Mönchtums geschieht mit der Inanspruchnahme von Apg 2,44 und 4,32–35 durch das Zönobitentum. „Die Gemeinde der Gläubigen war ein Herz und eine Seele. Keiner nannte etwas von dem, was er hatte, sein Eigentum, sondern sie hatten alles gemeinsam“ (4,32). Die Urgemeinde zu Jerusalem wird zum Modell schlechthin für das gemeinsame Leben, zum Ideal des Anfangs, das wie kaum ein anderes die Geschichte des gemeinsamen Lebens beeinflusst hat. Die Berufung auf die Urgemeinde macht die unverkennbar christliche Qualität dieses gemeinsamen Lebens deutlich. Dazu gehören die Elemente, die schon dem Verfasser der Apostelgeschichte am Herzen lagen: die Einmütigkeit der Herzen, die Gemeinschaft des Glaubens und des Gebetes und die Gütergemeinschaft.

Salzburger Äbtekonferenz

5 Wirklich, das Kloster ist ein Paradies, ein Bereich, der von der Mauer der Zucht geschützt wird und in dem es einen hohen Ertrag an kostbaren Gütern gibt. Es ist ein herrliches Ding, wenn Menschen einmütig in einem Hause wohnen; es ist gut und schön, wenn Brüder miteinander in Eintracht wohnen (Ps 132,1). Den einen siehst du seine Sünden beweinen, einen anderen im Gotteslob frohlocken, diesen alle bedienen, jenen die anderen belehren, diesen beten, jenen lesen; diesen Er-

barmen üben, jenen die Sünden bestrafen, diesen vor Liebe glühen, jenen durch Demut hervorragen; den einen demütig im Glück, den anderen großmütig im Unglück; diesen sich bei der Arbeit mühen, jenen in der Beschauung ruhen; und du kannst sagen: „Das ist das Heerlager Gottes." (Gen 32,2)

Bernhard von Clairvaux

6 Die Einführung des gemeinschaftlichen Lebens wurde nicht von einer kleinen, nicht von einer unbedeutenden, nicht von einer untergeordneten Autorität unterstützt und befürwortet. Mit gemeinschaftlichem Leben wurde die Urkirche gegründet, in gemeinschaftlichem Leben machte die entstehende Kirche ihre ersten Schritte. Das Gemeinschaftsleben empfing von den Aposteln selbst sein Vorbild: … diese so großen, so mächtigen, so berühmten Männer, die mit der Kraft aus der Höhe ausgestattet waren, nahmen unter Antrieb des Heiligen Geistes das Gemeinschaftsleben auf sich, bestätigten es durch ihr Beispiel, erprobten es durch ihre Tugenden und überlieferten es uns, damit wir daran festhalten.

Balduin von Ford

7 Barmherziger Gott, erhöre mich, denn zum Gebet für sie alle veranlasst mich mein Amt, drängt mich die Liebe und ermutigt mich die Betrachtung deiner Güte. Du weißt, Herr, wie sehr ich

sie liebe; du weißt, dass ich in meiner Zuneigung wünsche, mehr vorzusehen als vorzustehen, ihnen in Demut zu dienen und in Liebe bei ihnen zu sein als einer von ihnen … Sei in ihrer Mitte, wie du es verheißen hast, und weil du weißt, was ein jeder braucht, stärke du, was schwach ist, verwirf nicht, was krank ist, heile, was verwundet ist, heitere auf, was mutlos ist, entzünde, was lau ist, und festige, was schwankend ist, sodass die einzelnen in ihren Bedürfnissen und Versuchungen erfahren, dass ihnen deine Gnade nicht fehlt.

Aelred von Rievaulx

8 In Benedikts Sicht wird die Gemeinschaft nicht durch irgendeine spezifische, ihr zugewiesene Aufgabe definiert. Die Qualität des Gemeinschaftslebens hängt vielmehr ab von ihrer Zusammensetzung in den jeweiligen Abschnitten ihrer Geschichte. Als eine nicht funktionale Gemeinschaft wird ein Benediktinerkonvent hier und jetzt vor allem bestimmt durch seine Mitglieder. In dem Maß, in dem echte Mannigfaltigkeit gefördert wird, entsteht eine reiche Subkultur, die in ihrer Art einzigartig, schöpferisch und außerordentlich befriedigend ist. Talente und Fähigkeiten werden entdeckt und dürfen sich entfalten; künstlerische und kulturelle Traditionen entstehen, die der gesamten Menschheit zum Nutzen gereichen. Solche Ergebnisse werden natürlich nicht absichtlich an-

gestrebt, sie sind die glückhaften Nebenprodukte eines ganzheitlichen Lebens in Harmonie mit Gott und den Menschen.

Michael Casey

9 Unser Gelübde der Stabilität bindet uns … auch an das Kloster selbst, so dass der Mönch seine Liebe wirklich bis auf die Mauern seines Ordenshauses ausdehnen muss. Das Kloster ist für ihn das „heilige Jerusalem, die Stadt des Friedens", wo er sich freut unter den Augen Gottes, im Gehorsam gegen Christi Stellvertreter in Gebet und Arbeit leben zu dürfen. Für dieses sein Kloster betet er daher jeden Tag mit den Worten des Psalmisten: „Friede sei in deinen Mauern und Überfluss in deinen Türmen" (Ps 121,2). Für dieses Kloster vergisst der wahre Mönch sich selbst. Befreit von der Selbstsucht, aus der alle geistliche Unfruchtbarkeit entspringt, nimmt er freudig und unverzagt die härtesten und verborgensten Arbeiten auf sich; weiß er doch, dass die Liebe zu seinem Kloster auch die niedrigsten Dienste adelt und die undankbarste Beschäftigung befruchtet. Er scheut nichts, was dem Besten dieses Fleckchens Erde gilt, das ihm vor allem andern zum heiligen Lande geworden ist.

Columba Marmion

10 Das apostolische Leben der Urgemeinde ist auch die Magna Charta des Mönchtums. Die Gemeinschaft, die Benedikt mit den Brüdern exemplarisch verwirklicht und in seiner Regel schließlich fixiert hat, wollte die Konturen der Urgemeinde inmitten des Zusammenbruchs antiker Lebensordnung sichtbar erhalten. Wie das Mönchtum zuvor verstand man sich nicht als Sondergruppe der Kirche, sondern als Intensivform christlicher Brudergemeinde. Die Benediktregel spricht … nie einfach von Gemeinschaft oder Kommunität, sondern von der „Gemeinde“, der „Bruderschaft“, dem „Haus Gottes“. Sie umgreift damit jeweils die vertikale wie die horizontale Dimension des Klosters. Das zweckfreie, authentisch biblische Leben der Brudergemeinde Benedikts, dieses institutionalisierte „Heimweh nach der Urkirche“, ist zur Grundform des abendländischen Mönchtums und zum Nährboden ihrer Kultur geworden.

Georg Braulik

11 Liebe Brüder, bemühen wir uns mit Eifer um das gemeinschaftliche Leben, indem wir die Einheit des Geistes durch das Band des Friedens wahren in der Gnade unseres Herrn Jesus Christus, in der Liebe Gottes und in der Gemeinschaft des Heiligen Geistes. Aus der Liebe Gottes geht die Einheit des Geistes hervor; aus der Gnade unseres Herrn Jesus Christus das Band des Friedens, und

aus der Gemeinschaft des Heiligen Geistes jene Verbundenheit, die für die Glieder der Gemeinschaft notwendig ist, dass sie das Gemeinschaftsleben führen können. Die Liebe Gottes bewirkt die Einheit des Geistes, denn wer sich an den Herrn bindet, ist ein Geist mit ihm.

Balduin von Ford

12 Benedikt bezieht sich … hauptsächlich auf die Urkirche, wenn er von den Zeichen der gegenseitigen Ehrfurcht und Liebe spricht. Die monastische Gemeinschaft ist nach dem Bild der apostolischen Gemeinschaften gewollt. Auf das gleiche Vorbild geht ohne Zweifel direkt oder indirekt auch die Anordnung zurück, sich „Brüder" zu nennen. Dieser monastische Brauch ist die Weiterführung oder das Wiederaufleben eines altchristlichen Brauches, den schon die Schriften des Neuen Testaments glaubwürdig bezeugen. Allerdings geht aus ihnen nicht hervor, dass mit „Bruder" der Name eines jeden zu verbinden war, wie Benedikt es will … Selbst wenn Benedikt und seine Zeit ein wenig über den alten Brauch hinausgingen, so kann man doch sagen, dass dieser sich in dem Namen „Brüder", den die Mönche sich geben, verewigt hat. Aus der Kirche der ersten Jahrhunderte stammen auch die beiden Bräuche, seinen Nächsten zu segnen und sich bei seinem Vorübergehen zu erheben. Das Mönchtum versteht es, die schönen Zeichen reli-

giöser Ehrfurcht, die ihm von der Alten Kirche überliefert wurden, zu übernehmen und weiter zu entwickeln.

Adalbert de Vogüé

13 Die Regel lässt erkennen, dass Benedikt mit allen Arten von Mönchen rechnet: weisen und erfahrenen, ungebildeten, trotzigen und willigen, reifen Charakteren voll Eifer und Liebe, die ein vorbildliches Leben führen, und solchen, die Konflikte schüren, stolz, unruhig, unzufrieden oder nachlässig sind. Dennoch behandelt er sie alle als urteilsfähige Männer, denen er die wichtigsten Angelegenheiten des Klosters zur Beratung vorlegt. Er bedient sich der Erfahrung und der Kenntnisse aller und lässt sie durch gemeinsame Reflexion an der Entscheidung teilnehmen … Die gemeinsame Beratung, in der verschiedene Einsichten möglichst leidenschaftslos und aggressionsfrei, unter Verzicht auf eigene Interessen und ohne Durchsetzung des Eigenwillens vorgetragen werden, ist ein wichtiges Instrument zur Schaffung einer brüderlichen Atmosphäre.

Domitilla Veith

14 Ihr habt doch erfahren und erfahrt es jeden Tag, wie gut und wie angenehm es ist, wenn Brüder beisammen wohnen (Ps 132,1), wenn sie nur in Eintracht und nicht zum gegenseitigen Ärgernis

leben; andernfalls ist es wahrlich weder angenehm noch gut, sondern das schlimmste und bedrückendste. Wehe aber jenem Menschen, durch den die Freude der Eintracht gestört wird! Wahrlich, er wird das Urteil zu tragen haben, wer es auch sei (Gal 5,10). Lieber möchte ich zuvor sterben, ehe ich jemanden aus eurer Mitte zu Recht klagen höre: „Die Söhne meiner Mutter haben wider mich gestritten." Seid ihr denn nicht alle als Söhne dieser unserer Gemeinschaft gleichsam Söhne einer Mutter, ist nicht jeder einzelne der Bruder des anderen?

Bernhard von Clairvaux

15 Wir beschäftigen uns hier … mit Menschen, die ein Problem für die Gemeinschaft sind. Die Erfahrung zeigt, dass dabei eine Gemeinschaft nur eine begrenzte Leistungsfähigkeit hat. Wenn zu viele Mitglieder einer Gemeinschaft aus der Übereinstimmung ausscheren, kann Übereinstimmung nicht mehr erlebt werden. Wenn zu viele sich nicht angemessen äußern, kommt ein Meinungsaustausch nicht mehr zustande und Entscheidungsprozesse können sich auf der Ebene der Gemeinschaft nicht mehr vollziehen. Andererseits ist es aber wirklichkeitsfremd, ein Gemeinschaftsleben anzustreben, in dem es solche Schwierigkeiten mit einzelnen nicht gibt … Die benediktinische Tradition ermutigt uns unablässig, das Ziel anzustreben, unser Kloster zu einem Bereich des Friedens werden zu lassen, in

dem Menschen dem Frieden und Heil Gottes begegnen können. Auf dem Weg zu diesem Ziel braucht es immer wieder von neuem eine Besinnung auf die Gabe des Friedens, die uns als Frucht des Geistes geschenkt wird, und auch eingehende Überlegungen, um Grundsätze zu finden, die uns in der Vielfalt des Alltags Orientierung geben.

Athanasius Polag

16 Seht, meine Brüder, wenn man gerade aus der Welt ins Kloster kommt, dann sind die einen wenig gebildet oder ganz unwissend, die anderen gelehrt und feinsinnig, die einen sind Sklaven ihrer Leidenschaften, die anderen ohne Probleme, die einen haben ein angenehmes Leben geführt, die anderen hatten es schwer, die einen sind Müßiggänger, die anderen arbeitsam, die einen gewalttätig, die anderen von Natur aus friedfertig. Die Natur und die Anlagen eines jeden müssen also aufmerksam erforscht werden: Was jedem Einzelnen Schwierigkeiten bereitet, durch welchen Geist oder durch welche Leidenschaft er gelenkt wird, seine Gewohnheiten, die Beispiele oder die Personen, die einen Einfluss auf ihn ausüben, all das muss für jeden Einzelnen im besonderen geprüft werden. Die einen müssen vor äußeren Beschäftigungen bewahrt werden sowie vor gefährlichem Umgang, andere entgehen den Gelegenheiten zum Zorn oder zum Ärger, wenn sie sich ins Schweigen

zurückziehen. Manche werden durch die Armut oder die Arbeit und die Nachtwachen vor dem Umherschweifen eines wankelmütigen Herzens oder Geistes bewahrt, für andere ist es die Psalmodie, das innere Gebet oder die lectio, durch die ihre Seele vor der Versuchung beschützt wird.

Aelred von Rievaulx

17 Was vom einzelnen Menschen gilt, das gilt auch für die Gemeinschaft. Jede Gemeinschaft hat ihren Schatten. Wenn eine Ordensgemeinschaft allzu hohe Ideale für sich in Anspruch nimmt, lebt sie auf der anderen Seite sicher auch harte und banale Seiten aus … Auch die Gemeinschaft könnte ihren Schatten daran erkennen, worüber man gemeinsam am liebsten schimpft. Man braucht nur die Gespräche in der Rekreation zu beobachten … Die Schattenseiten, die die Gemeinschaft unbewusst steuern, kann man auch in der Liturgie erkennen. Wie zieht eine Gemeinschaft zum Gottesdienst ein? An der Körperhaltung kann man sehen, was da alles in der Gemeinschaft verdrängt wird, was sich aber vom Schatten her doch Ausdruck verschafft … Oder man braucht eine Gemeinschaft nur bei den Mahlzeiten beobachten. Da kommen viele Schattenseiten ans Licht.

Anselm Grün

18 Meine Schwestern, begreifen Sie, wie wichtig das Leben in Frieden, Eintracht und Liebe miteinander ist. Ich wiederhole des öfteren: „Einer trage des andern Last, und so werdet ihr das Gesetz Christi erfüllen“, sagt der hl. Paulus. Ertragt einander in der Liebe Christi. Die Verbindung der Glieder untereinander ist so eng, dass eines den Schmerz des andern spürt und sich zumindest müht, ihm zu helfen. Wenn man sich am Fuß verletzt, beugt sich sogleich der Körper, die Augen sehen ihn an, die Hand berührt ihn, alle Glieder wenden sich ihm zu, um ihm Erleichterung zu verschaffen und ihre Hilfe anzubieten. Wenn eine der Schwestern krank ist, soll jede ihr ebenso beistehen: eine, sie zu entschuldigen, eine andere, um zu beten, Anteil zu nehmen, ihr in ihren Schwächen aufzuhelfen. So sollen sie handeln.

Cathérine de Bar

19 Die Gemeinschaft ist eine besondere Schule der Liebe, in ihr werden ihre Werke gepflegt, ihre Untersuchung und Erörterung eifrig betrieben, ihre Resultate und Konsequenzen werden nicht so sehr durch vernünftige Überlegungen als vielmehr durch das Verhalten, die Wahrheit der Dinge selber und die Erfahrung bestimmt. Wird einer im Vorwärtskommen müde und lässt er sich nieder beim Gepäck, das er bisher sowohl im eigenen Interesse und zum eigenen Bedarf wie auch seiner

Gefährten geschleppt hat, dann wird er hier nicht untergehen noch wird er durch ein Gesetz gezwungen umzukehren oder weiterzuziehen. Wenn er hier sitzen bleibt und das Gepäck treu bewacht, so wird er beim Siegeszug jenem kaum nachstehen, der weiter marschiert sein wird.

Wilhelm von St. Thierry

20 O keusche und reine Einsamkeit, Sitz des Friedens und der Ruhe, du erfreust dich der Nähe Gottes. So lange gesucht und endlich gefunden! Wer raubte dich mir, meine Geliebte? Einst umarmte ich dich und atmete deine reinen Küsse mit meiner ausgestreckten Seele. Ich war gewohnt, dich in all deiner Güte jederzeit zu genießen, und ich zog die Süße deiner Liebe jeder anderen Freude vor. Wer riss mich aus deinen Armen ins Elend?

Johannes von Fécamp

21 Mönch! Je mehr du mit Gott allein sein kannst, um so mehr bist du für alle da.

Raphael Hombach

22 Die Einöde wurde geschaffen, um schlechthin sie selbst zu sein und nicht, um von Menschenhand in etwas anderes umgebildet zu werden. Mit Bergen und Meeren verhält es sich nicht anders. Deshalb bietet allein die Wüste die einzig denkbare Wohnstatt für den Menschen, der danach

trachtet, nichts anderes als er selbst zu sein, was, anders ausgedrückt, heißen soll: ein Geschöpf der Einsamkeit also, der Armut, ja der völligen Verwiesenheit auf niemanden als auf Gott, mithin ein Wesen, bei dem kein vermessenes eigenes Planen, einem Alibi gleich, sich zwischen dem Geschöpf und seinem Schöpfer breit macht.

Thomas Merton

23 Freilich kann und muss auch im Zönobium bei aller Brüderlichkeit eine letzte Person-Einsamkeit erfahren werden. Insbesondere im Alter und bei jahrelanger Krankheit wird sie unter Umständen still und geduldig durchgestanden werden müssen. Jeder Mensch hat eine innerste Zone, in die – wenigstens hier auf Erden – kein Mensch vordringen kann. Jeder, vielleicht gigantische Versuch, es doch zu tun, ist zum Scheitern verurteilt. Die Wesenstiefen unseres Selbst können und sollen nur von Einem besiedelt werden: von Gott, der uns nach Augustinus innerlicher ist als unser Innerstes. Für das Verhältnis des einzelnen Mönches zur Gemeinschaft dürfte damit ein Wort des Schriftstellers Cesbron zutreffen: Jeder ist allein. Wir müssen dahin kommen, gemeinsam damit fertig zu werden, allein zu sein.

Clemens Schmeing

24 Ein Mönch ist ein Mensch, der sich von allem getrennt hat und sich doch mit allem verbunden fühlt.

Evagrius Ponticus

25 Um angemessen von dem sprechen zu können, was die Mönche wollen und wie sie sich selbst verstehen, sollten sie unnötigen Ballast über Bord werfen und sich einer klaren Sprache und eindeutiger Begriffe bedienen. Das Wort „Familie“ ist ein Versuch, die Eigenart monastischer Struktur zu umschreiben. „Familie“ bietet sich als Ausdruck dort an, wo von Mönchtum in undifferenzierter und ideologisch verzerrter Weise gesprochen wird, und ist damit wohl auch Zeichen eines falschen Bewusstseins. „Familie“ mag in einzelnen Vergleichspunkten nahe liegen. Insgesamt aber verkennt und verfälscht dieser Sprachgebrauch wohl mehr die Wirklichkeit, als dass er zu ihrem richtigen Verständnis beiträgt.

Basilius Doppelfeld

26 Der Friede im Kloster ist ein so kostbares Gut, dass wir ihn mit Beharrlichkeit und Freude anstreben müssen. Geht es um die Ruhe eines geistlichen Lebens ohne Zwischenfälle in einem Haus, wo alles wie auf Rädern läuft? Gott bewahre! Der Friede entsteht aus Selbstvergessen, Hingabe und Treue zu Gott im Dienst am Nächsten. Der Friede ist das genaue Gegenteil von Egoismus

wie von Unruhe. Normalerweise sollte sich auf dem Gesicht eines Christen der Friede und die Kraft Christi widerspiegeln. Die Wurzel der Angst ist die Sünde. Angst geht zusammen mit Hoffnungslosigkeit, was praktisch bedeutet, dass der Glaube tot ist. Die Welt voller Angst hat einen Strahl unserer christlichen Hoffnung nötig, die zu jedem Dienst am Nächsten befähigt. Die Hoffnung beflügelt die großen Taten in der Kirche, sie stärkt die Martyrer und macht sie zu Zeugen des Friedens.

Denis Huerre

27 Wo stehen wir als Gemeinschaft? Der sich selbst überlassene Mensch ist nicht fähig, in Gemeinschaft zu leben. Seine normale Situation ist ein Leben in der Diaspora, in der Zerstreuung inmitten der Welt, getrennt von den anderen und vom Innersten seiner selbst. Wenn das so ist, kann dort, wo eine christliche Gemeinschaft entsteht, sie nur Geschenk sein, Zeichen der Barmherzigkeit Gottes, Vorwegnahme, Hindeutung und Vorgeschmack des kommenden Reiches, Vorwegnahme dessen, was erst später für die ganze Kirche Wirklichkeit werden wird. Christliche Gemeinschaft ist immer etwas, das auf Zukünftiges hindeutet: Sie ist ein zum Himmel geöffnetes Fenster.

André Louf

28 Es ist hienieden kein geringer Trost, jemanden zu haben, mit dem du in inniger Zuneigung und in der Gemeinschaft heiliger Liebe vereint sein darfst und auf dem dein Geist ruht. Ihm kannst du dein Herz ausschütten, kannst zu ermutigenden Gesprächen wie zu tröstlichen Liedern unter all den Trauergesängen deine Zuflucht nehmen und inmitten der vielen irdischen Ärgernisse zu seiner wohltuenden Freundesliebe voll Zuversicht eilen. Seinem liebenden Herzen darfst du all deine innersten Gedanken wie dir selber ohne Zögern anvertrauen. Er weint mit dir in deinen Ängsten, freut sich mit dir im Glück und sucht mit dir im Zweifeln. Ja, du bist ihm dort so nahe und verbunden und vereinigst deine Seele mit der seinen, so dass aus zweien einer wird.

Aelred von Rievaulx

29 Das gemeinsame Leben ist nach dem Beispiel der himmlischen Mächte eingerichtet, vom Himmel übernommen, von der himmlischen Gemeinsamkeit der heiligen Engel zu uns übertragen. Sollte es aber zur Empfehlung des gemeinsamen Lebens noch nicht genügen, dass es zu uns von den Aposteln und zu den Aposteln von den Engeln gelangt ist, so kann noch ein weiteres Motiv angeführt werden, das über jedes Lob erhaben ist: Das gemeinsame Leben strömt aus dem Quell des Lebens selbst. Ich spreche von jenem Quell, von dem es

heißt: „Bei dir ist der Quell des Lebens; in deinem Licht werden wir das Licht schauen“ (Ps 36 [35],10). Das gemeinsame Leben ist gleichsam ein Strahl des ewigen Lichtes, eine Ausstrahlung des ewigen Lebens, ein Ausfluss aus dem immerwährenden Quell, von dem die lebendigen Wasser ausgehen, die ins ewige Leben strömen.

Balduin von Ford

30 Zu den Ordensleuten spricht die Schrift: „Wie gut und wie schön ist es, wenn Brüder in Eintracht miteinander wohnen“ (Ps 133 [132],1). Und an einer anderen Stelle sagt der Psalmist gleichsam als Ordenschrist: „Eines habe ich vom Herrn erbeten, danach verlangt mich, im Haus des Herrn zu wohnen“ (Ps 27 [26],4). Wenn schon bei den Moralphilosophen die Einheit mit hohem Lob ausgezeichnet wird, so birgt sie für den Theologen keine geringeren Geheimnisse. Denn ohne die geistliche Einheit wird weder hier Gnade geschenkt, noch künftig die Herrlichkeit verliehen. Ohne Einheit verliert die klösterliche Gemeinschaft ihre Kraft, wird die höchste Liebe schwach, geht selbst der Glaube zugrunde, hört der Gehorsam auf.

Alanus ab Insulis

31 Gegenseitige Ermutigung im strengen Sinn des Wortes ist charakteristisch für ein Leben in Gemeinschaft. Wenn ein Mönch versucht ist zu zweifeln oder zu verzweifeln, dann braucht er die Hilfe einer im Glauben und in der Hoffnung starken Gemeinschaft. Entsprechend dem Grad seiner Verwurzelung in einer echten Gemeinschaft ist er in der Lage, die Botschaft der Freude, der Hoffnung und des Glaubens an die Welt von heute weiterzugeben … Dem Neuen Testament zufolge ist die Gabe des Geistes etwas, was erkannt werden kann. Christus hat seinen Jüngern kein freudloses Dasein, kein endloses Dahinstapfen durch geistliche Wüsten verheißen, sondern einen Frieden, den die Welt nicht geben kann, und eine Freude, die ihnen niemand nehmen kann. Das Offensein für diese Gaben beinhaltet einen Glauben in Erwartung und die Erfahrung des Teilens miteinander im Rahmen des klösterlichen Gemeinschaftslebens trägt zur Auferbauung des Glaubens aller bei.

Daniel Rees u.a

November

1 Wir gleichen Schiffskapitänen, die ihre Schiffe durch den Nebel steuern. Angestrengt blicken auch wir in die dunklen Massen vor uns und horchen auf das Meer hinaus, ob andere Schiffe in Hörweite sind. Wir können den Hafen nur erreichen, wenn wir wach bleiben. Das geistliche Leben ist also in erster Linie eine Frage des Wachbleibens. Wir dürfen unsere Geöffnetheit geistlichen Hinweisen gegenüber nicht einbüßen. Wir müssen jederzeit in der Lage sein, auf die leiseste Bewegung einzugehen, die sich, einem verborgenen Trieb gleich, auf dem Grund der Seele, die geistlich lebendig ist, regt.

Thomas Merton

2 „Obsculta – horche!“ Dieses erste Wort der Benediktusregel ist von grundlegender und wegweisender Bedeutung. „Horche“ meint freilich nicht ein oberflächliches Hinhören, sondern ein Horchen des ganzen Menschen von innen her – „neig her das Ohr deines Herzens!“ – Es schließt in sich die Bereitschaft, dem, was man hört, auch zu gehorchen. Wie wenige Menschen sind fähig und bereit, in diesem Sinne wirklich zu horchen! Ein Hauptgrund aller Uneinigkeit, aller Missverständ-

nisse unter uns Menschen ist doch dies, dass wir uns nicht ehrlich bemühen, auf den andern zu horchen, ihn zu verstehen, seinen Gedanken und Wünschen gerecht zu werden.

Emmanuel Heufelder

3 Solange also das Sehvermögen noch nicht ausgebildet ist, heißt es das Gehör wecken, das Gehör schulen, mit dem Gehör die Wahrheit aufnehmen. Glücklich, wem die Wahrheit das Zeugnis ausstellen kann: „Er hat mir mit gehorsamem Ohr gehorcht" (Ps 18,45). Ich bin würdig für das Schauen, wenn ich mich, ehe ich zu schauen vermochte, als gehorsam erwiesen habe. Wenn ich dem Herrn das Geschenk meines Gehorsams vorausgeschickt habe, werde ich ihn auch sicher schauen dürfen.

Bernhard von Clairvaux

4 Der heilige Gehorsam ist so sehr das charakteristische Merkmal des Mönches, dass eine Arbeit ohne ihn Verdammung erntet, nicht Lohn. Unter den Ordensgelübden verdient der Gehorsam unstreitig die Palme … In der Tat, der heilige Gehorsam erwählt den besten Teil, um ihn Gott zu weihen, nämlich die persönliche Freiheit und die freie Verfügung über sich selbst. Der klösterliche Gehorsam besiegelt und krönt die klösterlichen Gelübde. Er verbindet sie untereinander wie der

Schlussstein das Gewölbe und vollendet so das erhabene Ganzopfer. Wird er versagt, verliert das ganze Opfer seinen Wert, und der klösterliche Beruf führt aus einem Leben der Ordnung zu einem sakrilegischen Untergang des Ordenslebens.

Maurus Wolter

5 Der Gehorsam ist für Benedikt ein Grund-„Wert“, der wesentlich im Aufeinander-Hören und in der gegenseitigen Dienstbereitschaft besteht … Er erscheint als ein progressiver Vorgang, als ein Suchen, als ein von der Liebe beseeltes, eiliges Voranschreiten. Die Grenzen des Selbst sollen in einem Elan der Liebe durchbrochen werden. Gefragt ist nicht bloß nach zuverlässiger Orientierung oder nach der „richtigen“ Weisung eines Lehrers. Der Gehorsame will sich vielmehr in die Selbsthingabe Christi und in seine „drängende Liebe“ einlassen. Man gehorcht aus freier, innerer Spontaneität, nicht aus Zwang oder abwägender Berechnung. Vorbild sind der Glaubensgehorsam der Märtyrer, die Selbstentäußerung und der Gehorsam des Gekreuzigten, der Gehorsam des Gottesknechtes. Wir dürfen hier vom Liebesgehorsam sprechen. Christus hat ihn vorgelebt.

Georg Holzherr

6 Der vollkommene Gehorsam kennt kein Gesetz und lässt sich nicht in Grenzen einzwängen. Er gibt sich mit der Enge des Gelübdes nicht zufrieden; hochgemut drängt er in die Weite der Liebe. Spontan ist er zu dem Auftrag bereit. Er kennt kein Maß und weitet sich, immer großmütig und unternehmungslustig, zu unbegrenzter Freiheit.

Bernhard von Clairvaux

7 Die Tugend der Discretio ist eine göttliche Gabe und wird gnadenhaft geschenkt. Sie zählt zu den edelsten Gaben des Heiligen Geistes ... Fehlt die Discretio, dann ist der Mensch wie eine Stadt mit zerstörten Mauern. In der Discretio liegt die Weisheit, in ihr ruhen Augenmaß und Gespür, ohne die weder unser inneres Haus erbaut noch geistliche Schätze gesammelt werden können ... Die Discretio ist es, die den Mönch nicht zaghaft, sondern mit festem Schritt zu Gott führt und die erwähnten Tugenden beständig unversehrt bewahrt. Mutter, Wächterin und Lenkerin aller Tugenden ist die Discretio.

Johannes Cassian

8 Wenn die Saite bei der Zither zu wenig gespannt wird, dann klingt sie nicht; wird sie aber überspannt, dann gibt sie nur einen dumpfen Ton. So verhält es sich auch bei der Tugend der Enthaltsamkeit; sie fehlt dort total, wo einer sei-

nen Leib nicht so in der Gewalt hat, als er vermag; oder sie gerät außer aller Kontrolle, wo einer seinen Leib stärker strapaziert, als seine Kräfte es erlauben. Auf dem Weg der Enthaltsamkeit sind begreiflicherweise die Laster des Fleisches zu unterdrücken, nicht aber das Fleisch selber. Jeder muss im Umgang mit sich selber soviel Discretio an den Tag legen, dass das Fleisch nicht überheblich wird und sich versündigt und ihn trotzdem in seinem Tun unterstützt, was die Bereitschaft zum geraden Weg betrifft.

Gregor der Große

9 In allem musst du den Mittelweg einhalten: Sei weder zu eifrig noch zu lau, weder allzu ruhsam noch zu unruhig, jenem Worte gemäß: Alles mit Maß! Das ist eine so anziehende und notwendige Tugend.

Garcia de Cisneros

10 Beobachte in allen Dingen Klugheit und weise Mäßigung! Trage der eigenen Schwäche Rechnung! Hörst oder siehst du, dass von andern etwas Gutes getan wurde, so meine nicht, du seiest dazu ohne weiteres auch berufen. Nicht du bist es, der der Gnade den Weg vorzuzeichnen hat. Vielmehr lerne der angebotenen und führenden Gnade in Demut folgen! Vermiss dich nicht, deinen Geist in zügellosem Anlauf auf eine Stufe erheben

zu wollen, der er nicht gewachsen ist. Zwinge dich auch nicht ungestüm zur Vollbringung eines Werkes, das deine leiblichen und geistigen Kräfte schlechthin übersteigt.

Ludwig Blosius

11 Wie wichtig für die Gemeinschaft das Maß ist, zeigt der Bericht der Überlieferung, die Mönche von Monte Cassino hätten, als sie bald nach Benedikts Tod von den Langobarden überfallen wurden und fliehen mussten, nur zwei Dinge auf ihrer Flucht nach Rom mitgebracht: die Regel und den Messkrug für die Getränke ... Das Maß, die Bescheidung, der Mut zum Kleinen und Einfachen sind eng verbunden mit dem Wissen um das Größere, Unendliche, Göttliche. Nur darin liegt auch die Rettung gegenüber einem falschen Wachstumsdenken, das heute die Menschheit ins Verderben zu stürzen droht ... Nur das rechte Maßhalten gewährleistet das qualitative Wachstum, den Fortschritt in der Liebe, in dem, was den Menschen wahrhaft glücklich macht.

Odilo Lechner

12 Demut sammelt das Herz!

Johannes von Kastl

13 Mache dein Herz stets innen rein und zeige dich nach außen klein, dann wirst du mit Gott vereinigt sein.

Mechtild von Magdeburg

14 Als ich die Wahrheit noch nicht kannte, glaubte ich, etwas zu sein, obwohl ich damals nichts war; als ich dann an Christus glaubte, d.h. seine Demut nachahmte, da habe ich die Wahrheit kennen gelernt.

Bernhard von Clairvaux

15 Ferner zwingt die tägliche Erfahrung unserer Unzulänglichkeit und Schwäche uns eindeutig dazu, demütig zu sein; und Demut ist das Fundament des geistlichen Lebens – in dem Sinne, dass sie der Anfang ist: da wir ja infolge der Erbsünde dazu neigen, ichbezogen und selbstisch zu sein, und erst lernen müssen, Christusbezogen und, durch Christus, Gott-bezogen zu werden, damit unser Leben Gott und nicht der Erhebung unserer selbst geweiht sei.

Basil Hume

16 Das Geheimnis bleibt den Weisen und Klugen verborgen; es wird den Kleinen geoffenbart. Ja, meine Brüder, sie ist groß, groß und erhaben: die Tugend der Demut, die das als Wirklichkeit erfasst, was nicht mit Worten auszudrücken ist, die

allein lernt, was sich nicht lehren lässt. Nur sie ist würdig, vom göttlichen Worte zu empfangen und durch das göttliche Wort zu begreifen, was sich durch Worte nicht erklären lässt. Und aus welchen Gründen ist es so? Gewiss nicht, weil sie es verdient, sondern weil es so der Wille dessen ist, der der Vater des Wortes, der Bräutigam der Seele ist, Jesus Christus, der Herr.

Bernhard von Clairvaux

17 Die heilige Einfalt ist der stets gleiche Wille bei der Suche nach dem gleichen Gut. So war Ijob „ein einfacher, rechter Mann, der Gott fürchtete“. Die Einfalt ist recht eigentlich der Wille, der sich zuinnerst Gott zugewandt hat, vom Herrn nur eins erwartet und mit glühendem Eifer danach trachtet; er hat nicht den Ehrgeiz, sich in der Welt allen möglichen Dingen zuzuwenden und damit zu zersplittern. Hinsichtlich der Lebensweise ist die Einfalt auch die echte Demut, die beim tugendhaften Handeln mehr auf die Stimme des Gewissens als auf den äußeren Ruf achtet.

Wilhelm von St. Thierry

18 Der Prophet (= Ezechiel) war zum Reden gesendet worden und hat doch sieben Tage lang trauernd geschwiegen. Was will uns der heilige Prophet mit diesem Schweigen anderes nahe legen, als dass nur der wahrhaft zu reden versteht, der zuvor

gut zu schweigen gelernt hat. Die Zucht des Stillschweigens ist gleichsam eine Art Nahrung des Wortes. Und wer zuvor in gehöriger Weise bescheiden zu schweigen weiß, erhält auch mit zunehmender Gnade die Gabe der Rede. So spricht Salomon: Es gibt eine Zeit des Schweigens und eine Zeit des Redens (Pred 3,7). Er sagt nicht: eine Zeit des Redens und eine Zeit des Schweigens, sondern setzt erst die Zeit des Schweigens voran und fügt dann die des Redens an, denn wir sollen nicht im Reden das Schweigen, sondern im Schweigen das Reden lernen.

Gregor der Große

19 Wahre Stille ist nicht mit Verschlossenheit und Verärgerung zu verwechseln. Sie ist auch nicht zu erzwingen und nicht lähmend oder gar einschläfernd. Wahre Stille macht den Menschen offen für den Frieden, für Anbetung und Liebe. Stille muss gelebt, nicht ertragen werden. Die Stille kannst du nur lieben, wenn du um ihren Wert und Preis weißt. Davon kann dich allerdings keine noch so schöne Theorie überzeugen. Wenn du einmal die Stille gekostet hast, kannst du nicht mehr an ihr vorbei.

Jerusalem-Gemeinschaften

20 Die Beständigkeit zeigt sich als ein natürliches Verhältnis zum Ort; sie macht fähig, dauernd hier und „drüben“ zu leben; sie setzt aber auch eine Haltung der Armut voraus, die noch wichtiger ist als jeder Ort; wird dieser nicht mehr ständig mit dem Jenseits konfrontiert, wird er verzehren und fesseln, wird er zu einem Gefängnis, einem vergoldeten vielleicht, aber doch einem Gefängnis. Ist unser Ort aber ein Durchgang, dann können wir ihn nicht absolut setzen … Für Benedikt ist die Beständigkeit etwas frei Gewähltes, und diese Freiheit drückt sich in einer Bindung aus. Der Mönch ist nicht das einzige menschliche Wesen, das die große Freiheit erfährt, die in einer engen Bindung liegt. Bekanntlich ist das Christentum weitgehend Ausdruck einer umfassenden Freiheit, die jeder konkreten Verhaltensweise zugrunde liegt.

Denis Huerre

21 Die Armut ist das Tor zur Freiheit, nicht weil wir von der Not und dem Druck der Verhältnisse, die die Armut nun einmal mit sich bringt, bedrängt werden, sondern weil wir erkennen, dass es nichts in uns gibt, was sich lohnt, verteidigt zu werden; denn wir entdecken ja in unserem Innern gar nichts, was Anlass zur Hoffnung geben könnte. Es gibt nichts in uns, was eine besondere Liebe verdient hätte. Deshalb verharren wir nicht in unserem Selbst, sondern ruhen in Ihm, der einzig und allein unsere Hoffnung ist.

Thomas Merton

22 Jeder, der Schmerz und Leid willig und gern annimmt in Vereinigung mit der Liebe, in der Christus auf Erden vielerlei Leiden auf den Tod erduldete, entzündet dadurch gewissermaßen die Glut des göttlichen Herzens, jenes Herzens, das mit so unbeschreiblichem Verlangen das Heil der Menschen sucht. Und da der Herr jetzt solcher Leiden nicht mehr fähig ist, so würdigt er sich, sie in denen, die ihm in treuer Liebe anhängen, zu ergänzen. Wenn dann jene Seele, die auf Erden die Erquickung des göttlichen Herzens war, in den Himmel eingeht, so eilt sie alsbald auf das Herz Gottes zu und mit allem, was sie hienieden für Christus gelitten, geht sie gleichsam auf in der Glut des flammenden Herzens Jesu.

Mechtild von Hackeborn

23 Wer sein Verhältnis zu Gott, zu den Menschen und den Dingen der Welt in Ordnung bringen und halten will, der muss sich um die „Reinheit des Herzens“ bemühen. Dabei handelt es sich um eine umfassende und grundlegende innere Haltung, nicht etwa nur um „Reinheit“ im Sinne einer späteren Verengung dieses Begriffs. Der Mensch muss mehr und mehr fähig werden, nicht nur die eigene Leere und Armut anzunehmen und auszuhalten, sondern erst recht den Abgrund des eigenen Herzens, alle Bosheit und Aggressivität, alle Selbstgefälligkeit und versteckte Machtgier. Die Mönchs-

väter haben insbesondere den strengen Umgang mit den eigenen Gedanken als wichtiges Mittel praktiziert, um zu dieser Freiheit von sich selber zu gelangen.

Edgar Friedmann

24 Es gibt zwei Wege, die Vielfalt der besonderen Gaben in die Gemeinschaft einzubringen: das Teilen zu lieben und die Liebe zu teilen. Auf diese Weise wird die besondere Gabe zum gemeinsamen Gut dessen, der sie hat, und dessen, der sie nicht hat: Wer sie hat, bringt sie teilend in die Gemeinschaft ein, und wer sie nicht hat, hat durch die Gemeinschaft an ihr teil.

Balduin von Ford

25 Wir müssen uns … vor allem bemühen, das zu besitzen, was unser Herr von uns erwartet: eine angenehme und liebenswürdige Rede, einen von allem Schmähen und von allem Bösen freien Geist; und nachdem wir das vermieden haben, wodurch der Heilige Geist beleidigt wird, stehen wir im Dienst der Demut, der Ruhe und der Liebe. Dies sind die ausgesuchten Opfer, dies die fruchtbaren Ganzopfer, die im Angesicht des Herrn im Geruch der Lieblichkeit aufsteigen (Ex 40,27). Auch darum müssen wir uns besonders mühen: dass wir das, was wir zur Ehre unseres Gottes tun, mit heiterer Gesinnung vollbringen, in der Freude

des Glaubens und in der Haltung eines guten und hingebungsvollen Willens. Was immer wir aber unwillig und gezwungen tun, darüber müssen wir wissen, dass uns das nicht nur nicht zum Nutzen gereicht, sondern sogar zum größten Schaden.

Faustus von Riez

26 Benedikt ist es in dem Bemühen, einen Ort des Friedens zu schaffen, ein Anliegen, die Brüder dahin zu führen, dass sie mit der „Friedensarbeit“ bei sich selbst beginnen. Er kennt die Erfahrung, dass Konflikte wie Dornen und Disteln am Wegrand stehen, an denen man sich immer wieder verletzt ... In Jesus Christus ist uns die Fülle des Friedens als umfassendes Heil schon geschenkt. Er ist eine Gabe Gottes. Diese Gabe wird für uns zur ständigen Aufgabe, Unrecht zu überwinden und zur Versöhnung untereinander beizutragen ... Der Friede ist ein Prozess, der vieler kleiner Schritte bedarf und zu einer Kultur der Liebe führen will.

Salzburger Äbtekonferenz

27 Ohne etwas von seiner Lehre über die Demut (RB 7) zurückzunehmen, fasst der heilige Benedikt am Ende seines Lebens den geistlichen Weg des Zönobiten nicht mehr nur unter seinem individuellen Aspekt ins Auge, sondern auch unter dem Blickwinkel der Gemeinschaft. Es ist nicht mehr der Mönch, der eingeladen ist, die verschiedenen

Stufen der Demutsleiter für sich zu erklimmen. Vielmehr sind alle Mönche ermutigt, sich gemeinsam in diesem guten Eifer, in einer brüderlichen Atmosphäre und im Zusammenklang in der Gemeinschaft zu üben. Die Vorrangstellung der Liebe bringt sie unaufhörlich mit dem Anderen, das heißt mit Gott und mit den anderen, nämlich ihren Brüdern in Beziehung. Die ganze Gemeinschaft schreitet – angezogen durch die gleiche Liebe – einmütig in der Nachfolge und unter der Führung Christi zum ewigen Leben voran. Der heilige Benedikt beendet also sein Werk mit einem entschiedenen Rückgriff auf die Grundlage der biblischen Tugendlehre. Er richtet das Leben seiner Gemeinschaft souverän auf das aus, was ihm für jedes christliche Leben wesentlich erscheint.

André Borias

28 Ehrfurcht, Liebe, Rücksicht, Feingefühl, Gehorsam, wissenschaftliche Bildung schaffen die Voraussetzungen zu wahrer innerer Kultur. Dieses Ideal Benedikts auf weltweitem, von enger Bindung an Volk und Staat, Rasse und Gesellschaft gelösten Untergrund deckt sich mit Vernünftigkeit, Ethik, Religiosität und vor allem mit jener hohen Welt, die wir heute mit dem Namen Humanität, edle Menschlichkeit umschreiben. Das pädagogische Hochziel des Ordensvaters ist das Ideal einer im Glauben überhöhten reinen und natürlichen

Menschlichkeit, wie besonders seine Bestimmungen über das Gemeinschaftsleben hinreichend klar machen. Der einzelne Mönch soll zu innerer Freiheit und verantwortungsbewusster Selbstbestimmung geführt werden. Auf dem Gipfel des benediktinischen Hochzieles handelt … der Mönch „velut naturaliter ex consuetudine“ (= gleichsam natürlich und aus Gewöhnung) und „mit weitem Herzen“.

Gislar Aulinger

29 Gott will, dass unsere Hoffnung nicht ein untätiges Erwarten sei, sondern ein tätiges Streben. Darum wird auch unsere gläubigste Zuversicht Gott nur gefallen, wenn sie allzeit von einer heiligen Unzufriedenheit mit uns selbst begleitet ist. „In jedem ist ein Bild des, was er werden woll, und eh‘ er das nicht ward, ist nicht sein Friede voll.“ Mit Ernst und Eifer müssen wir das Bild Gottes in unserer Seele ausgestalten, in Demut müssen wir seine Hilfe dazu erbitten. Wir erhoffen uns nichts weniger als Gott, der Alles in Allem ist, und ihn, unser Alles, erhoffen wir uns von Gott selbst. Dennoch „himmeln“ wir Christen nicht als faule Schwärmer und Träumer, wir arbeiten vielmehr rüstig auf dem Acker unseres täglichen Dienstes jetzt und hier, wir arbeiten mit auf dem Acker unseres Volkes, wir arbeiten für die Scheuern des Reiches Gottes, jeden Tag, vom Morgen bis in die Nacht. Denn wir wissen: Uns gehört nur dieser Augenblick. Die Zukunft aber schenkt uns Gott dazu, wenn wir den Augenblick genützt haben. „Fac et spera“ heißt ein schöner Wahlspruch: Tue deine Sache, im Übrigen hoffe auf Gott!

Hugo Lang

30 Die Kunst der Künste ist die Kunst zu lieben.

Wilhelm von St. Thierry

Dezember

1 Unser Leben ist eine unablässige Meditation über unsere letzte Entscheidung: die einzige Entscheidung, die zählt. Und dieses Meditieren vollzieht sich im Schweigen. Wir sind jedoch in einem gewissen Rahmen verpflichtet, mit den Mitmenschen zu sprechen, ihnen zu helfen, damit sie den Weg zu ihrer eigenen Entscheidung finden, kurzgesagt, ihnen Christus zu bringen. Indem wir ihnen Christus vermitteln, vermitteln ihnen unsere Worte ein neues Schweigen: das Schweigen der Auferstehung. In diesem Schweigen werden sie geformt und bereitet, so dass auch sie das zu verkündigen vermögen, was ihnen verkündigt wurde.

Thomas Merton

2 Gut sterben zu können, ist die Kunst der Künste, der Wissenschaften. Gut und in Frieden sterben zu können, heißt fürwahr: sein Herz und seine Seele jederzeit bereit zu halten für das Jenseitige; dann nämlich wird, wenn der Tod nach Gottes Willen kommt, er einen bereitet und frei von allem finden; und dann wird die Seele ohne angstvolles Zurückweichen den Tod aufnehmen als etwas Gutes und Ersehntes; dann nämlich wird sie

die Ankunft des Boten von unserem Herrn Jesus Christus erwarten und begrüßen.

Johannes von Kastl

3 Du erfasst, aber umfasst nicht. Durch das Erfassen wirst du gesättigt, jedoch das Nicht-Umfassen versagt dir die Sättigung.

Petrus von Celle

4 Er (= der Herr) sprach: Du sollst in wahrer Hoffnung vertrauen, dass ich dich nach deinem Tode aufnehmen will wie ein Vater sein geliebtes Kind und mit dir alle meine Güter teilen und mich selbst dir geben will, wie ein Vater seinem einzigen Kind so treu das Erbe zuteilt. Dass ich dich aufnehmen will, wie ein Freund seinen liebsten Freund empfängt, und dir eine so große Freundschaft erzeige, als je einer von seinem Freunde erfuhr. Denn es hat noch nie einen so treuen Freund gegeben, der nicht bisweilen enttäuscht hätte oder seinen Freund nicht hätte täuschen wollen. Nur ich bin am höchsten getreu und die Treue selber und vermag niemals Trug zu üben gegen meine Freunde. Schließlich will ich dich aufnehmen wie ein Bräutigam seine einzig geliebte Braut, mit einem Übermaß an Lust und der Fülle aller Wonne, wie nie ein Bräutigam seine Braut so süß gelockt hat. Mit Wonne will ich dich erfreuen und mit dem Strome meiner göttlichen Lust berauschen.

Mechtild von Hackeborn

5 O du herzenstraute Liebe, die du mich nie verlassen hast, ich befehle dir meinen Geist. Nimm mich auf zu dir in meiner Sterbestunde, rufe mich mit deinem Munde und sprich: Heute wirst du bei mir sein. Schon verlässt du die Verbannung und kommst zu dem festlichen Morgen der unverwelklichen Ewigkeit. Dort wirst du mich finden, Jesus, das wahrhaftige Heute der göttlichen Klarheit, der ich Anfang bin und Ende aller Schöpfung. Dort wirst du nicht mehr das Morgen der irdischen Wandelbarkeit kennen, denn in mir, dem wahren Heute, wirst du ein ewiges Heute besitzen, auf dass, wie ich lebe, so auch du lebest in mir, deinem Jesus, deinem Gott und Geliebten, in Wonne und endloser Seligkeit.

Gertrud von Helfta

6 Kümmere dich wenig darum, ob du unter eigenem oder fremdem Dach, auf deinem Lager oder auf freiem Felde, ob du eines sanften oder gewaltsamen Todes sterben musst. Wer gut gelebt hat, der kann auf keinen Fall schlecht sterben. Welcher Tod ihn immer treffen mag, er wird ruhen im Frieden (vgl. Weish 4,7), ob er sterbe durch Feuer oder Wasser, durch Mörderhand oder unter Folterqualen, ob er von wilden Tieren angefallen oder von stürmenden Elementen dahingerafft wird, ob er sein Leben ende durch Schlagfluss oder durch eine schleichende Krankheit, ob plötzlich oder langsam,

ob in Gegenwart vieler oder in größter Einsamkeit. – So übergib dich denn ganz der göttlichen Vorsehung! Führe ein gottgefälliges Leben, dann magst du den Tod getrost erwarten. Bricht schließlich dein letztes Stündlein an, dann tritt deinem gütigen Vater mit großem Vertrauen entgegen. Dein Herz sei erfüllt von dem einen Verlangen, er möge, wie in diesem, so auch in jenem Leben, ganz nach seinem Wohlgefallen mit dir verfahren. Scheide von hinnen nicht wie ein Verurteilter, der von einem grausamen Herrn in Kerker und Ketten geworfen wird, sondern wie ein Kind, das im Schoße eines barmherzigen Vaters Ruhe und Erquickung erwarten darf!

Ludwig Blosius

7 Man erzählte von Abbas Sisoes: Als er im Sterben lag, saßen die Brüder um ihn herum, und sein Angesicht leuchtete wie die Sonne. Er sagte zu ihnen: „Seht, der Altvater Antonios ist gekommen." Nach einiger Zeit sagte er wieder: „Seht, der Chor der Propheten ist gekommen." Und wieder leuchtete sein Angesicht ungewöhnlich hell auf, und er sprach: „Seht, der Chor der Apostel ist gekommen." Und doppelt hell strahlte wieder sein Angesicht auf und siehe, es war, wie wenn er mit jemand spräche. Da baten ihn die Greise: „Vater, mit wem unterhältst du dich?" Aber er sagte: „Seht, die Engel sind gekommen, mich mitzunehmen, aber ich bat sie, mich noch ein wenig Buße

tun zu lassen." Darauf sagten die Väter: „Du hast es doch nicht notwendig zu büßen, Abbas." Der Altvater aber sprach zu ihnen: „Wahrhaftig, ich wüsste nicht, dass ich den Anfang dazu gemacht hätte." Da erkannten alle, dass er vollkommen sei. Und wiederum wurde plötzlich sein Antlitz wie die Sonne. Alle fürchteten sich, und er sprach zu ihnen: „Seht, der Herr ist gekommen, und er sagt: Bringt mir das auserwählte Gefäß der Wüste." Und gleich darauf gab er den Geist auf. Und er wurde wie ein Blitz, und das ganze Haus wurde von Wohlgeruch erfüllt.

Weisung der Väter

8 Bei einem Bruder, der Mönch geworden ist, muss immer mehr sichtbar werden, dass er ein Professe ist. Dieser aus dem Lateinischen oder Griechischen stammende Ausdruck führt uns direkt zu dem Wort „Prophet". Wieso ist denn der Mönch – besonders der alte – ein Prophet? Gewiss nicht, weil er die Zukunft enthüllen könnte, sondern weil sich durch ihn wahrhaft offenbart, was den Kern des Christentums und die Zusammenfassung des ganzen Neuen Testaments ausmacht: Christus lebt. In ihm wird Heil geschenkt, weil er lebt. Wie der greise Simeon hat der Alte nur noch *eine* Botschaft zu übermitteln. Sie ist aber umso überzeugender, je mehr seine eigenen Kräfte abnehmen und nicht mehr die Illusion erwecken, dass seine Bekehrung einzig seiner eigenen Willenskraft entspringt. Gelöst

und ohne Resignation gibt uns der alte Mönch oft zu verstehen: Ich kann sterben und bin im Frieden, weil ich weiß, dass Er lebt.

Denis Huerre

9 Dass ich endlich einmal gemäß der Antwort deiner Wahrheit, mir gestorben und dir lebend, mit unverhülltem Angesicht dein eigenes Angesicht zu schauen und vom Anblick deines Angesichts verwandelt zu werden beginne. O du Antlitz, du Antlitz! Wie selig ist das Antlitz, das, indem es sich anschaut, von dir ergriffen zu werden gewürdigt wird, das in seinem Herzen „dem Gott Jakobs ein Zelt" (Ps 131,5) erbaut und alles tut „nach dem Vorbild, das ihm auf dem Berge gezeigt wurde" (Ex 25,40). Hier ist wahrer und rechtmäßiger Jubel: „Zu dir spricht mein Herz, mein Angesicht hat dich gesucht, dein Angesicht, o Herr, will ich suchen!"

Wilhelm von St. Thierry

10 Mein Gott! Wir werden in unserer Todesstunde überrascht sein, wenn uns die Wahrheit offenbar wird, wenn wir sehen, wie wir die Zeit und das Leben verbracht haben. Wirklich, wir tun andere Dinge, als wir sollten. Fangen wir an, ganz Jesus zu gehören. Das ist schnell gesagt, aber nicht so schnell getan.

Cathérine de Bar

11 Das Glück der zukünftigen Seligkeit wächst im gegenwärtigen Leben nicht durch größeres Wissen, durch höhere Würde und Vornehmheit, sondern allein aus größerem Liebeseifer und reicherer Herzensreinheit und Herzensfrömmigkeit. Um so mehr und um so Helleres und Leuchtenderes besitzt jemand in der Schau Gottes, greift es und hat daran teil, je mehr er hier Gott liebte, seinen göttlichen Vorschriften gehorsam war und sein Wohlgefallen in allem treu suchte. Um so voller hat jemand wiederum im ewigen Leben teil an Gott, je mehr er hier von Herzen an ihm teilhatte. Danach nämlich, wie das Herz des Menschen im gegenwärtigen Leben von der göttlichen Liebe mehr oder weniger berührt wird, richtet sich der größere oder kleinere Lohn der Himmelsschau in der Zukunft. Um so genauer wird jemand Gott sehen, obgleich er dennoch ihn niemals ganz und gar erkennen wird.

Johannes von Kastl

12 Sechs Tage vor seinem Tod ließ er (= der hl. Benedikt) sein Grab öffnen. Bald darauf befiel ihn hohes Fieber, und große Hitze schwächte ihn. Von Tag zu Tag verfielen zunehmend seine Kräfte. Am sechsten Tag ließ er sich von seinen Jüngern in die Kirche tragen; dort stärkte er sich durch den Empfang des Leibes und Blutes unseres Herrn für seinen Tod. Er ließ seine geschwächten Glieder von den Händen seiner Schüler stützen, so stand er da,

die Hände zum Himmel erhoben, und hauchte unter Worten des Gebetes seinen Geist aus.

Gregor der Große

13 Vielleicht ängstigt es dich, dass du nicht weißt, wie Gott dich aufnehmen wird, wenn du von hinnen scheidest, ob du zur ewigen Ruhe oder Himmelswonne oder zur vorübergehenden Pein des Fegfeuers bestimmt wirst. Es ist gar nicht notwendig, dass du hierüber Gewissheit hast. Du freust dich über die Lieblichkeit der göttlichen Erbarmung, die dir deine Sünden verzeiht. So soll dir auch die Vollkommenheit der göttlichen Gerechtigkeit nicht missfallen, die völlige Sühne für deine Sünden fordert ... Es genüge dir die feste Gewissheit, einen unendlich liebevollen Herrn zu finden, der dich selig machen kann und will, wenn du demütig auf ihn vertraust, nicht auf dich selber. Wir sind ihm wohlgefällig, wenn wir seinen Willen so lieben und seiner Vorsehung uns demütig und zuversichtlich so überlassen, dass wir uns sogar darüber freuen, dass wir nicht wissen, was er mit uns anfangen wird. Überlass dich also ganz seiner Anordnung und erwarte den Tod getrost.

Ludwig Blosius

14 Unvorhergesehen wird er (= der Tod) kommen wie der Dieb in der Nacht. Ja, gerade dann, wenn du am wenigsten ihn vermutest, am

wenigsten darauf vorbereitet bist; dann vielleicht, wenn besonders starker Lebenswille dich beherrscht, große, hoffnungsfrohe Zukunftspläne dich beschäftigen. Denke und überdenke ernst in deinem Herzen alle Umstände und Möglichkeiten, wie der Tod dich überraschen kann; denk dich hinein, als müsstest du heute, jetzt, augenblicklich sterben. So wirst du die Erwägung um so tiefer fühlen.

Garcia de Cisneros

15 Man soll mit jedem Tag so umgehen, als wäre er der letzte.

Beda Venerabilis

16 „Wer Ohren hat zu hören,
der höre, was der Geist den Gemeinden sagt!"
Und was sagt er?
„Kommt, ihr Söhne, hört auf mich!
Die Furcht des Herrn will ich euch lehren.
Lauft, solange ihr das Licht des Lebens habt,
damit die Schatten des Todes euch nicht überwältigen."
Und der Herr sucht in der Volksmenge, der er dies zuruft,
einen Arbeiter für sich und sagt wieder:
„Wer ist der Mensch, der das Leben liebt
und gute Tage zu sehen wünscht?"
Wenn du das hörst und antwortest: „Ich",
dann sagt Gott zu dir:

„Willst du wahres und unvergängliches Leben,
bewahre deine Zunge vor Bösem
und deine Lippen vor falscher Rede!
Wende dich ab vom Bösen und tu das Gute;
suche den Frieden und jage ihm nach!
Wenn ihr das tut, blicken meine Augen auf euch,
und meine Ohren hören auf eure Gebete;
und noch bevor ihr zu mir ruft,
sage ich euch: Seht, ich bin da."

Aus der Regel des hl. Benedikt

17 Wehe mir Armen, ruft sie (= die Seele) aus, tausendmal wehe, wenn ich dir überantwortet würde ohne Anwalt, der für mich Rede stünde! O Liebe, tritt du ein für mich! Rede du statt meiner! Erwirke du mir Vergebung! Nimm du meiner Sache dich an, auf dass ich lebe durch deine Gnade! Ich weiß, was ich tue. Den Kelch des Heils will ich ergreifen, den Kelch Jesu will ich in die leere Waagschale der Wahrheit legen. So, ja so werde ich alles, was mir mangelt, ersetzen, so all meine Sünden decken. Mit jenem Kelch werde ich all meine Schulden tilgen; mit jenem Kelch meine ganze Unvollkommenheit über Begehr ausgleichen … O mein süßester Jesus, liebreiches Pfand meiner Erlösung, so komm du mit mir vor Gericht! Eja, lass uns zusammenstehen! Sei du mein Richter und Rechtsanwalt zugleich! Zähle auf, was du für mich geworden, wie gütig du meiner gedacht, wie teuer

du mich erkauft, damit ich durch dich gerechtfertigt würde! Du lebtest für mich, auf dass ich nicht zugrunde ginge. Du trugst die Last meiner Sünden. Du starbest für mich, damit ich in Ewigkeit nicht stürbe. Du gabst mir alles, was dein war, damit ich durch dich reich an Verdienst würde. Eja, so richte mich in der Todesstunde nach jener Unschuld, nach jener Makellosigkeit, die du mir in dir verliehen hast, da du für mich verurteilt und verdammt, meine ganze Schuldsumme zahltest, damit ich, von mir aus arm und unbemittelt, durch dich an allen Gütern Überfluss hätte.

Gertrud von Helfta

18 Wir wissen nicht, wann unsere letzte Stunde da ist. Gott hat das deswegen so gewollt, damit sie immer argwöhnisch im Auge behalten wird, so dass wir, eben weil wir sie nicht vorauswissen, uns unablässig auf sie vorbereiten. Richtet deshalb immer die Augen der Seele auf euren sterblichen Zustand; rüstet euch täglich mit Bekümmernis und Sorge auf das Kommen des Richters. Und weil ein sicherer Tod aller wartet, macht euch über Dinge des zeitlichen Lebens nicht zuviel Gedanken, da sie doch unsicher sind. Sorge um irdische Dinge beschwere euch nicht. Mag man auch seinem Fleisch noch so viele Mengen von Gold und Silber umhängen, mag man es in goldene Gewänder kleiden, was ist es anderes als Fleisch? Richtet also

euer Augenmerk nicht auf das, was ihr habt, sondern auf das, was ihr seid.

Gregor der Große

19 Die Einheit des Geistes mit Gott ist für den Menschen mit erhabenem Gemüt die Vollendung des Willens im Aufstieg zu Gott, denn er will nicht nur, was Gott will, sondern sein Liebesimpuls, besser, die Kraft des Liebesimpulses ist so groß, dass er nichts anderes wollen kann, als was Gott will. Wollen aber was Gott will, das heißt Gott ähnlich sein, nicht anders wollen können, als was Gott will, das heißt bereits, das sein, was Gott ist, für den Sein und Wollen eins sind. Daher ist wohlgesprochen, wenn es heißt: „Wir werden ihn" einst ganz „so sehen, wie er ist" (1 Joh 3,2), wenn wir ihm gleich sein werden, das ist: Wir werden das sein, was er ist. Welchen die Macht gegeben ist, Söhne Gottes zu sein, denen ist es auch gegeben, zwar nicht Gott zu sein, aber das zu sein, was Gott ist.

Wilhelm von St. Thierry

20 Dieses Leben ist eine Zeit der Einübung, der Vorbereitung, während der wir die Kunst des Liebens lernen, die Kunst der Liebe zu Gott und zu unserem Nächsten: das Herzstück der Frohbotschaft Jesu. Manchmal gelingt uns das, manchmal hingegen nicht. Der Tod ist der Weg, der uns zur Anschauung Gottes führt, zu dem Augenblick,

da wir ihn sehen, wie er in Wahrheit ist, und da wir in der endgültigen Entscheidung für die Liebe unsere letzte Erfüllung finden. Diese letzte Vereinigung mit dem, auf den sich unsere tiefste Liebe richtet, das Einssein mit Gott, ist der Augenblick der Seligkeit, das ewige „Jetzt" unendlichen Glücks. Darauf werden wir nur mit Staunen, Überraschung und Freude antworten können. Das wird zugleich Ausdruck unseres ewigen Lobgebetes sein. Dafür sind wir geschaffen.

Basil Hume

21 Der Tod ist die Eingangspforte zur Ewigkeit. Der Schritt durch dieses Tor bedeutet für uns die letzte Entscheidung. Da der Tod also der wichtigste Augenblick unseres irdischen Daseins ist, aber alles an ihm, Zeit, Ort und Umstände, unsicher ist, sehen wir ihn mit einem gewissen Argwohn („suspectam") vor Augen. Wir empfinden ihn als den „Sold der Sünde" (Röm 6,23). Doch hat auch die andere Bedeutung von „suspicere" hier ihr Recht: aufwärts schauen, mit Bewunderung aufschauen, wenn wir im Tode weniger den Abschluss unseres Erdenlebens als vielmehr den Anfang unserer Verklärung sehen, den Engel Gottes, der uns in die Hände unseres Schöpfers zu ewiger Vollendung zurückführt.

Ildefons Herwegen

22 Was fehlt jetzt nach alledem noch, außer dass du zu dem emporsteigst, „der über allem als Gott steht, gepriesen in Ewigkeit“ (Röm 9,5)? Endlich aufgelöst zu werden und bei Christus zu sein: um wie viel besser als alles wäre das! „Glückselig der Mann, der von dir seine Hilfe erwartet“, sagt der Prophet zum Herrn: „Er hat in seinem Herzen Wege nach oben gebahnt“ (Ps 83,6); von Tugend zu Tugend wird er fortschreiten, bis er den höchsten Gott in Zion schauen wird (Ps 83,8). Das ist der letzte Aufstieg, mit dem alles erfüllt wird, wie der Apostel sagt: „Christus, der herabstieg, ist auch hinaufgestiegen, um alles zu erfüllen“ (Eph 4,10). Doch was soll ich über jenen Aufstieg sagen? Wohin werden wir aufsteigen, um dort zu sein, wo Christus ist? Was wird dort sein? „Außer dir, o Gott, hat kein Auge gesehen, was du denen bereitet hast, die dich lieben“ (Jes 64,4). Das ist der Aufstieg, meine Brüder, nach dem wir uns sehnen wollen, dem ständig unser Seufzen gelten soll, und je weniger der Verstand ihn erfasst, desto stärker soll unsere Sehnsucht danach sein.

Bernhard von Clairvaux

23 Ein glückliches Leben möchte ich haben in der Ruhe der Ewigkeit. Schon in den Tagen der Lebensblüte, da ich zur Heiligkeit wachse und reife, will ich gedenken meines Schöpfers in guten und heiligen Werken. Es kommt ja die Zeit, da

Fleisch und Blut abnehmen bis auf die Knochen. Die Asche des Leibes zerfällt in den Staub der Erde, aus der ich geschaffen; in anderes Leben geht sie dann über. Der Geist, der meinen Körper belebte, wird ihn verlassen und kehrt zurück zum Herrn der Schöpfung, der ihn aus Gnade meinem Leibe verliehen. Du, Schöpfer, bist wie ein Schmied, der mit Blasbalg das Feuer entfacht, sein Werkstück nach allen Seiten dreht, um sein Werk zu vollenden. Wenn ich, von guten Taten geleitet, zur ewigen Freude heimgefunden, lass mich das reinste Licht erblicken. Lass mich der Engel Lieder hören und das ersehnte Gewand des Leibes, dessen ich mich entkleidet, wiedererhalten zu meiner Freude.

Hildegard von Bingen

24 Die Benediktiner schlafen nicht in einem Sarg, und sie werden auch nicht dazu angehalten, auf dem Betschemel oder dem Studierpult einen Totenkopf aufzustellen. Aber sie sollen bewusst dem Tod entgegenleben als dem unausbleiblichen und unausweichlichen Faktum eines jeden Menschenlebens. Die Naherwartung wird so zur Stetserwartung. Jedes Menschenleben hat über kurz oder lang ein Ende, und man tut gut daran, dieses Faktum überall und allezeit als maßgebenden Faktor einzukalkulieren, zumal dieses Ende für den Mönch ein Anfang ist: Der Anfang des wirklichen und ewigen Lebens, nach dem er mit der ganzen Sehnsucht des

Geistes (wörtlich: mit spiritueller Konkupiszenz!) verlangt … Deshalb ist die bewusst gegenwärtig gehaltene Gewissheit des Todes nicht Anlass zu lebenslähmender Niedergeschlagenheit, sondern Grund zur zuversichtlichen Freude.

Notker Füglister

25 O überaus süßer, gütiger, geliebter, teurer, kostbarer, ersehnter, liebenswürdiger, schönster (Herr), wann werde ich dich schauen? Wann werde ich vor dir erscheinen? Wann werde ich mich sättigen an deiner Schönheit? Wann entführst du mich diesem dunklen Kerker, um deinem Namen zu lobsingen und von keinen Gewissensbissen mehr gequält zu werden? Wann darf ich in jene wunderschöne, herrliche Wohnung von dir hinüberwechseln, wo der Klang der Freude und des Jubels erschallt, wie es in den Zelten der Frommen üblich ist? … Wann darf ich kommen, wann erscheinen, wann schauen meinen Gott, nach dem meine Seele dürstend verlangt (Ps 41,2)? Wann werde ich ihn sehen im Land der Lebenden? In diesem Land der Sterblichen kann er mit unseren vergänglichen Augen nicht geschaut werden.

Johannes von Fécamp

26 Herr, lass mich das in Liebe kosten, was ich durch Wissen koste; lass mich durch Liebe spüren, was ich durch den Verstand wahrnehme

… Ziehe mich zu dir, Herr, in die Fülle deiner Liebe. Ich gehöre dir durch die Schöpfung ganz; lass mich auch ganz dein werden durch die Liebe.

Anselm von Canterbury

27 Was die Mönche glücklich machte, war das Wissen darum, dass im Stoff des Menschlichen mit seinen sehr realen Spannungen die Besitzergreifung geschieht, die nach der Bibel Heiligung heißt und Reich Gottes. Indem sie daran glaubten und es zu bezeugen suchten, war ihnen das Himmlisch-Letzte schon da. Und sie erzählten sich Geschichten wie diese: dass einer der Wüstenväter in seiner letzten Stunde dreimal lachte – weil die anderen so Angst hatten vor dem Sterben; weil sie so schlecht dafür gerüstet waren; und: weil für ihn nun alle Plage ein Ende hatte. Was immer man dazu sagen mag: Da ist Gelächter jedenfalls nicht „der Hoffnung letzte Waffe". Es klingt wie der Anfang des ewigen, paradiesischen Lachens, für das der Mensch geschaffen ist und mit ihm diese ganze zerrissene Welt.

Corona Bamberg

28 Lieber Vater Jesus, zur Verherrlichung und in der Kraft deines Leidens nimm mich auf in die Zahl der guten Christen. Mein wahrer Retter und Erlöser, ich gebe mich ganz dir hin; stoß mich nicht zurück! Ich gehöre dir, weise mich nicht ab! Herr,

ich erbitte das Paradies nicht wegen meiner Verdienste, sondern in der machtvollen Kraft und Güte deines glorreichen Leidens, durch das du mich gnädig erlöst, durch das du mir das Paradies erkauft hast. Rette mich, denn dadurch wirst du nicht ärmer, und der Platz im Paradies wird deshalb nicht enger.

Johannes Gerson

29 Auf das Ausschauhalten folgt zuletzt die Schau Gottes, das Ziel der suchenden Blicke; nicht als ob kein Blick mehr wäre, aber er hat nichts mehr zu suchen. Hierin liegt die wahre und vollkommene Tugend, dass die Vernunft an ihr Ziel gelangt, das im seligen Leben erreicht wird. Die Schau jedoch ist jene innere Einsicht, die sich dann in der Seele ereignet, wenn diese Gott einsichtig erblickt.

Wilhelm von St. Thierry

30 Euer Fuß, das ist eure Hoffnung, und je mehr jener voranschreitet, desto mehr wird jene erhalten, vorausgesetzt, dass sie sich ganz auf Gott richtet, feststeht und nicht hin und her schwankt … „Lass mich deine Huld erfahren am frühen Morgen, denn auf dich hoffe ich“ (Ps 142,8), o Herr. Gewiss, nur die Hoffnung findet bei dir Erbarmen, und du gießt das Öl der Barmherzigkeit nur in das Gefäß des Vertrauens.

Bernhard von Clairvaux

31 In der künftigen Welt genießen die mit Gott vereinten Seelen wahre und ewige Freude. Sie bedürfen nicht mehr verweslicher Speise und vergänglichen Trankes, denn sie besitzen Gott und sind voll von ihm. Gott ist ihnen Speise und Trank und alles, was sie sich wünschen. In ihm haben sie alles. In seiner Anschauung sind sie gesättigt. Immer sehen sie ihn. Immer werden sie durch seinen Anblick gesättigt. Und immer verlangen sie ihn weiter zu sehen und sich weiter an seinem Anblick zu sättigen. Sie verlangen nach ihm ohne Ängstlichkeit. Sie sättigen sich an ihm ohne Überdruss.

Ludwig Blosius

Autorinnen und Autoren

Aelred von Rievaulx (1110–1167), Zisterzienserabt von Rievaulx, monastischer Theologe

Alanus ab Insulis (ca. 1125/30–1203), Zisterzienser, Philosoph, Theologe, Dichter

Alcher von Clairvaux (12. Jh.), Zisterzienser und Schüler Bernhards von Clairvaux

Alkuin (730/35–804), Lehrer, Dichter, Berater Karls des Großen

Anselm von Canterbury (1033–1109), Mönch und Abt von Bec, Erzbischof von Canterbury, Kirchenlehrer, Philosoph, Theologe, geistlicher Schriftsteller

Arnulf von Bohéries (um 1150), Zisterzienser von Bohéries, geistlicher Schriftsteller

Aulinger, Gislar (* 1915), Benediktiner von Schweiklberg

Baker, Augustine (1575–1641), Konvertit, Benediktiner, geistlicher Autor

Balduin von Ford († 1190), Zisterzienserabt von Ford, Erzbischof von Canterbury, Verfasser theologischer und asketischer Schriften

Balthasar, Hans Urs von (1905–1988), katholischer schweizerischer Theologe

Bamberg, Corona (* 1921), Benediktinerin von Herstelle, geistliche Autorin

Bar, Cathérine de (1614–1698), Gründerin der Benediktinerinnen von der Ewigen Anbetung des allerheiligsten Sakraments

Barbier, Germain (1891–1971), Benediktiner von En Calcat

Baur, Benedikt (1898–1963), Erzabt von Beuron, Verfasser spiritueller Bücher
Beda Venerabilis (ca. 672–735), Benediktiner von Jarrow, Kirchenlehrer
Bernhard von Clairvaux (1090–1153), Zisterzienserabt von Clairvaux, Theologe, Kirchenlehrer, Mystiker
Bianchi, Enzo (* 1943), Gründer der interkonfessionellen Kommunität von Bose
Blosius, Ludwig (1505–1566), Benediktinerabt von Liessies, geistlicher Schriftsteller
Böckmann, Aquinata (* 1937), Missionsbenediktinerin von Tutzing
Borias, André (* 1923), Benediktiner von St. Wandrille
Bours, Johannes (1913–1988), spiritueller Schriftsteller und Spiritual
Braso, Gabriel (1912–1978), Generalabt der Benediktinerkongregation von Subiaco
Braulik, Georg (* 1941), Benediktiner des Schottenstiftes Wien
Bruno von Segni (1040/50–1123), Abt von Montecassino und Bischof von Segni, Hagiograph, Verfasser exegetischer und homiletischer Werke
Butler, Basil Christopher (1902–1986), Abt von Downside, theologischer und geistlicher Schriftsteller
Butler, Cuthbert (1858–1934), Abt von Downside

Casel, Odo (1886–1948), Benediktiner von Maria Laach, Liturgiewissenschaftler
Casey, Michael (* 1942), Trappist von Tarrawarra, geistlicher Autor
Chapman, John (1865–1933), Abt von Downside, geistlich-theologischer Schriftsteller
Christan von Lilienfeld († 1332), Zisterzienser von Lilienfeld, liturgischer Dichter
Cisneros, Garcia Jiménez de (1455/56–1510), Abt von Montserrat und geistlicher Schriftsteller

Delatte, Paul (1876–1943), Abt von Solesmes
Dirks, Walter (1901–1991), Publizist und Schriftsteller
Doppelfeld, Basilius (* 1943), Benediktiner von Münsterschwarzach, Autor spiritueller Abhandlungen
Dubler, Elisabeth (Lebensdaten unbekannt)

Egender, Nikolaus (* 1923), Abt der Hagia Maria Sion Abbey, Jerusalem
Elisabeth von Schönau (um 1129–1164), Benediktinerin von Schönau, Mystikerin
Evagrius Ponticus (um 345–399), Mönchsvater, geistlicher Schriftsteller

Faustus von Riez (410– ca. 495), Abt von Lérins
Feuling, Daniel (1882–1947), Benediktiner von Beuron, Theologe
Fischer, Balthasar (1912–2001), Liturgiewissenschaftler
Frei, Judith (* 1938), Äbtissin von Varensell
Friedmann, Edgar (* 1940), Benediktiner von Münsterschwarzach
Füglister, Notker (1931–1996), Benediktiner von Disentis, Theologe

Gertrud von Helfta (1256–1302), Zisterzienserin von Helfta, Mystikerin
Gordan, Paulus (1912–1999), Benediktiner von Beuron
Gregor der Große (um 540–604), Mönchspapst, Kirchenvater
Grün, Anselm (* 1945), Benediktiner von Münsterschwarzach, geistlicher Schriftsteller
Guardini, Romano (1885–1968), katholischer Religionsphilosoph und Theologe
Guéranger, Prosper (1805–1877), Abt von Solesmes, Liturgiker
Guerric von Igny (1070/81–1157), Zisterzienserabt von Igny, spiritueller Autor

Haeften, Benedikt van (1588–1648), Benediktiner und Propst von Afflighem, Verfasser asketischer Werke
Herwegen, Ildefons (1874–1946), Abt von Maria Laach
Heufelder, Emmanuel (1898–1982), Abt von Niederaltaich
Hildegard von Bingen (1098–1179), Äbtissin von Eibingen, Mystikerin, Bußpredigerin, Schriftstellerin
Hilpisch, Stephanus (1894–1971), Benediktiner von Maria Laach
Holzherr, Georg (* 1927), Abt von Einsiedeln
Hombach, Raphael (1905–1987), Benediktiner von Maria Laach
Huerre, Denis (* 1915), Abt von La Pierre-qui-Vire
Hume, Basil (1923–1999), Abt von Ampleforth, Erzbischof von Westminster und Kardinal

Isaak von Stella (ca. 1110–1167/69), Zisterzienserabt von Stella, Theologe und geistlicher Autor

Johannes Cassian (360/365–432/435), Mönch, Klostergründer und Kirchenschriftsteller
Johannes von Fécamp († 1078), Benediktinerabt von Fécamp, Mystiker und geistlicher Schriftsteller
Johannes Gerson (1363–1429), Theologe, Kirchenpolitiker, zeitweise in Melk im Exil
Johannes von Kastl (lebte und wirkte um 1400), Benediktinerprior von Kastl, Mystiker, Verfasser theologischer und spiritueller Werke
Jungclaussen, Emmanuel (* 1927), Abt von Niederaltaich, geistlicher Autor

Keating, Thomas , Trappistenabt, geistlicher Autor
Kleiner Sighard (1904–1995), Generalabt der Zisterzienser

Lang, Hugo (1892–1967), Abt von St. Bonifaz in München und Andechs

Lechner, Odilo (* 1931), Abt von St. Bonifaz in München und Andechs, geistlicher Schriftsteller

Leclercq, Jean (1911–1993), Benediktiner von Clervaux, theologisch-spiritueller Autor

Lentini, Anselmo (1901–1989), Benediktiner von Montecassino

Löhr, Aemiliana (1896–1972), Benediktinerin von Herstelle, Verfasserin theologischer und spiritueller Abhandlungen

Louf, André (* 1929), Trappistenabt, geistlicher Schriftsteller

Mabillon, Johannes (1632–1707), Mauriner, Historiker und Theologe

Mager, Alois (1883–1946), Benediktiner von Beuron, Philosoph und Psychologe

Marmion, Columba (1858–1923), Abt von Maredsous, geistlicher Schriftsteller

Mechtild von Hackeborn (1241–1299), Zisterzienserin von Helfta, Mystikerin

Mechtild von Magdeburg (um 1208–1282/1294), lebte im Kloster von Helfta, Mystikerin

Merton, Thomas (1915–1970), Trappist der Abtei Gethsemani, spiritueller Schriftsteller

Molitor, Raphael (1873–1948), Abt von Gerleve, Choralwissenschaftler und Rechtshistoriker

More, Gertrud (1606–1633), Benediktinerin von Cambrai, Mystikerin

Morin, Germain (1861–1946), Benediktiner von Maredsous, Patrologe, Kirchen- und Ordenshistoriker

Nigg, Walter (1903–1988), reformierter Pfarrer, Theologe und Hagiograph

Odo von Cluny (878/79–942), Abt von Cluny, geistlicher Autor

Ogerius von Locedio († 1214), Zisterzienserabt von Locedio

Paul VI. (1897–1978), Papst

Petrus von Celle (1115–1183), Benediktinerabt von Moutier-la-Celle, geistlicher Schriftsteller

Petrus Damiani (1007–1072), Kardinal und Kirchenlehrer, geistlicher Autor und Dichter

Petrus Venerabilis (um 1094–1156), Abt von Cluny, Verfasser theologisch-geistlicher Schriften

Polag, Athanasius (* 1939), Prior des Benediktinerpriorats Huysburg

Puzicha, Michaela (* 1045), Benediktinerin der Abtei Varensell

Rabanus Maurus (780–856), Benediktiner, Abt und Bischof, theologischer Schriftsteller und Hymnendichter

Rebstock, Bonaventura (1876–1958), Benediktiner von Gerleve

Rees, Daniel (* 1931), Benediktiner von Downside

Reetz, Benedikt (1897–1964), Erzabt von Beuron

Rupert von Deutz (1075/80–1129/30), Benediktinerabt von Deutz, theologisch-geistlicher Schriftsteller

Ruppert, Fidelis (* 1938), Abt von Münsterschwarzach

Scheler, Max (1874–1928), Philosoph

Schellenberger, Bernardin (* 1944), ehemaliger Trappist von Mariawald, geistlicher Autor

Schmeing, Clemens (* 1930), Abt von Gerleve

Schmitz, Philibert (1888–1963), Benediktiner von Maredsous, Kirchenhistoriker

Schneider, Reinhold (1903–1958), Schriftsteller und Dichter

Schuster, Ildefons (1880–1954), Abt von St. Paul/Rom, Kardinal, Liturgiker

Seipolt Adalbert (* 1929), Benediktiner von Metten, Schriftsteller

Severus, Emmanuel von (1908–1997), Benediktiner von Maria Laach, theologisch-geistlicher Schriftsteller

Smaragdus († um 825), Abt von St. Mihiel, Verfasser geistlicher Schriften

Spiecker, Kyrilla (* 1916), Benediktinerin von Herstelle, spirituelle Autorin

Steidle, Basilius (1903–1982), Benediktiner von Beuron, Patrologe

Steinbüchel, Theodor (1888–1949), Philosoph, Moraltheologe

Trithemius, Johannes (1462–1516), Abt von Sponheim und St. Jakob in Würzburg, Historiker und asketischer Schriftsteller

Veith, Domitilla (* 1928), Äbtissin von Frauenchiemsee

Verkade, Willibrord (1868–1946), Benediktiner von Beuron, Maler und Schriftsteller

Vogüé, Adalbert de (*1924), Benediktiner von La Pierre-qui-Vire, Fachmann für monastische Theologie und Spiritualität

Waal, Esther de, Dozentin und spirituelle Schriftstellerin

Walter, Silja (Sr. Hedwig) (* 1919), Benediktinerin von Fahr, Dichterin und Schriftstellerin

Warnach, Viktor (1909–1970), Benediktiner von Maria Laach, Theologe

Wilhelm von St. Thierry (1080/85–1148/49), zunächst Benediktiner, dann Zisterzienser von Signy, Humanist, Mystiker, geistlicher Theologe

Wolter, Maurus (1825–1890), Gründer und Erzabt von Beuron, theologisch-geistlicher Autor

Zegveld, André (*1944), Benediktiner von Egmond

Quellennachweis

JANUAR: ***1.*** Anselm von Canterbury, Oratio 15: Opera omnia, Tomus II, Fr. Fromann Verlag, Stuttgart 1984, 64f / ***2.*** Gregor der Große, Dialoge II.1; hg. von der Salzburger Äbtekonferenz, Gregor der Große, Der heilige Benedikt, EOS Verlag, St. Ottilien 1995, 103 / ***3.*** Gregor der Große, Dialoge II.VIII.8.9, aaO., 133, 135 / ***4.*** Bernardin Schellenberger, Das Bild des heiligen Benedikt im Lauf der Jahrhunderte, Manuskript 1980, 1 / ***5.*** Hans Urs von Balthasar, Schwestern im Geist, Johannes Verlag, Einsiedeln, Freiburg, 4. Aufl. 1990, 18–20 / ***6.*** Christan von Lilienfeld, Hymnus auf den hl. Benedikt, CCh. Cont. Mediaev. 19A, Turnhout 1992, 232f / ***7.*** Stephanus Hilpisch, Geschichte des benediktinischen Mönchtums, © Verlag Herder, Freiburg 1929, 60f / ***8.*** Anselm Grün, Benedikt von Nursia, © Vier-Türme-Verlag, Münsterschwarzach 1979, 11f / ***9.*** Philibert Schmitz, Geschichte des Benediktinerordens, Band 1, Benziger Verlag, Einsiedeln 1947, 21f / ***10.*** Bernhard von Clairvaux, Zum Geburtsfest des hl. Benedikt 8, PL 183, 379D/380A / ***11.*** Walter Nigg, Benedikt von Nursia, Verlag Herder, Freiburg 1980, 55 / ***12.*** Emmanuel von Severus, Gemeinde für die Kirche, Aschendorff Verlag, Münster 1981, 36 / ***13.*** Esther de Waal, Gottsuchen im Alltag, © Vier-Türme-Verlag, Münsterschwarzach 1992, 13 / ***14.*** Walter Dirks, Die Antwort der Mönche, Walter Verlag, Olten, 3. Aufl. 1968, 158f. Rechte beim Autor / ***15.*** Romano Guardini, Heilige Gestalt, aus: Josef Außem – ders., Geweihte Kunst, Burg Rothenfels o.J., 96f / ***16.*** Elisabeth Dubler, Das Bild des heiligen Benedikt bis zum Ausgang des Mittelalters, EOS Verlag, St. Ottilien 1953, 139–141 / ***17.*** Emmanuel Heufelder, Der Weg zu Gott nach der Regel des heiligen Benediktus, Verlagsges. Laumann, Dülmen 1948, 180f / ***18.*** Hildegard von Bingen, Regelerklärung, in: PL 197, 1055AB / ***19.*** Reinhold Schneider, Zur Feier Sankt Benedikts, in: Benediktinische Monatsschrift 23 (1947) 35 / ***20.*** André Louf, Sankt Benedikt, der Mann Gottes für jede Zeit, in: EuA (= Erbe und Auftrag) 56 (1980) 187 / ***21.*** Aelred von Rievaulx, Zweite Predigt zum Fest des heiligen Benedikt, in: PL 195, 245D / ***22.*** Ildefons Herwegen, Der heilige Benedikt, Schwann Verlag, Düsseldorf 1917, 153 / ***23.*** Paulus Gordan, Benedikt und Europa, in: EuA

51 (1975) 408 / ***24.*** Odilo Lechner, Benedikt – Ursprung und Gegenwart eines Segens, aus: Georg Braulik, Herausforderung der Mönche, © Verlag Kerle, Freiburg Wien, 1. Aufl. 1979, 39 / ***25.*** Odo Casel, Benedikt von Nursia als Pneumatiker, in: ders., Heilige Überlieferung, Aschendorff Verlag, Münster 1938, 114 / ***26.*** Alkuin, Gebet zum hl. Benedikt, in: PL 101, 553CD / ***27.*** Paul Delatte, Commentaire sur la Règle de Saint Benoît, Plon-Nourrit, Paris 1913, If / ***28.*** Hans Urs von Balthasar, Herrlichkeit. Altertum, Johannes Verlag, Einsiedeln 1965, 302f / ***29.*** Raphael Molitor, Vir Dei Benedictus, Aschendorff Verlag, Münster 1947, 35f / ***30.*** Prosper Guéranger, Das Kirchenjahr, 5. Bd., Kirchheim Verlag, Mainz 1877, 495f / ***31.*** Paul VI., Predigt zur Basilikaweihe in Montecassino am 24.10.1964, in: F. Renner, Benedictus – Bote des Friedens, EOS Verlag, St. Ottilien 1982, 80

FEBRUAR: 1. Gregor der Große, Dialoge II.36; hg. von der Salzburger Äbtekonferenz, Gregor der Große, Der heilige Benedikt, EOS Verlag, St. Ottilien 1995, 199, sowie: Die Benediktusregel, Kap. 34, zit. nach: Die Benediktusregel. Lateinisch/Deutsch, hg. im Auftrag der Salzburger Äbtekonferenz, Beuroner Kunstverlag, Beuron, 2. Aufl. 1996, 159 / ***2.*** Emmanuel Jungclaussen, Worte der Weisung, © Verlag Herder, Freiburg, 2. Aufl. 1988, 11–13 / ***3.*** Georg Holzherr, Die Benediktsregel, © Patmos Verlag GmbH & Co KG/Benziger Verlag, Düsseldorf und Zürich 1994, 11 / ***4.*** Johannes Bours, Ich werde ihm den Morgenstern geben, © Verlag Herder, Freiburg, 4. Aufl. 1991, 198 / ***5.*** Adalbert de Vogüé, Die Regula Benedicti, EOS Verlag, St. Ottilien 1986, 7 / ***6.*** Theodor Steinbüchel, Große Gestalten des Abendlandes, Paulinus Verlag, Trier 1951, 116 / ***7.*** Petrus Damiani, De perfectione monachorum VII, PL 145, 301BC / ***8.*** Kap. 58, Verse 1–8, zit. nach: Die Benediktusregel. Lateinisch/Deutsch, hg. im Auftrag der Salzburger Äbtekonferenz, Beuroner Kunstverlag, Beuron, 2. Aufl. 1996, 205 / ***9.*** Rupert von Deutz, Super quaedam capitula Regulae divi Benedicti I, PL 170, 478f / ***10.*** Smaragdus, Expositio in Regulam S. Benedicti, Praefatio, CCM VIII, Franz Schmitt Verlag, Siegburg 1974, 3 / ***11.*** Gabriel Braso OSB, Weg des Lebens, Manuskript, Abtei St. Erentraud, Kellenried 1976, 2 / ***12.*** Adalbert Seipolt, Brief an den heiligen Benedikt, Echter Verlag, Würzburg 1980, 26–28. Rechte beim Autor / ***13.*** Petrus Venerabilis, Liber I epist. 28, PL 189, 156 / ***14.*** Sighard Kleiner, In der Einheit des Heiligen Geistes, Beuroner Kunstverlag, Beuron 1985, 17–19 / ***15.*** Basilius Steidle, Die Benediktusregel, Beuroner Kunstverlag, Beuron, 2. Aufl. 1975, 30 / ***16.*** Walter Nigg, Vom Geheimnis der Mönche, Artemis & Winkler Verlag, Zürich 1953, 176 / ***17.*** Anonymus, zitiert bei: Ildefons Schuster, Liber sacramentorum, 7. Band, Pustet Verlag, Regensburg 1931,

64 / ***18.*** Benedikt Reetz, Das Wort zur Regel: EuA 35 (1959) 55 / ***19.*** Bruno von Segni, Sententiae, lib. VI, sermo 3, in: PL 165, 1057B / ***20.*** Columba Marmion, Christus unser Ideal, Verlag Ferdinand Schöningh, Paderborn 1929, 98 / ***21.*** Satzungen der Bayerischen Benediktinerkongregation, Gerufen von Gott, EOS Verlag, St. Ottilien 1979, 11 / ***22.*** Johannes von Kastl, Regelkommentar (zu RB 73), Benziger Verlag, Zürich 1981, 130f / ***23.*** Corona Bamberg, Unter der Führung des Evangeliums, Echter Verlag, Würzburg 1980, 109f. Rechte bei der Autorin / ***24.*** Daniel Rees u.a., Consider Your Call, SPCK English Benedictine Congregation, London 1978, 43 / ***25.*** Judith Frei, Die Bedeutung der Benediktusregel für das geistliche Leben des Mönchs: EuA 55 (1979) 256 / ***26.*** Paul Delatte, Commentaire sur la Règle de Saint Benoît, Plon-Nourrit, Paris 1913, 566 / ***27.*** Anselmo Lentini, San Benedetto. La Regola, Pubblicazioni Cassinesi, Montecassino 1994, LXXIf / ***28.*** Adalbert de Vogüé, Benedikt heute: EuA 55 (1979) 89 / ***29.*** Kap. 72, zit. nach: Die Benediktusregel. Lateinisch/Deutsch, hg. im Auftrag der Salzburger Äbtekonferenz, Beuroner Kunstverlag, Beuron, 2. Aufl. 1996, 239

MÄRZ: 1. Bernhard von Clairvaux, Super Cantica Canticorum 84,1, PL 183, 1184D/1185A / ***2.*** Basil Hume, Pilgerbuch des Lebens, zit. nach: Verlag Herder, Freiburg 1984, 49 / ***3.*** Bernhard von Clairvaux, Super Cantica Canticorum 84,3, PL 183, 1186A / ***4.*** Wilhelm von St. Thierry, Epistola ad fratres de Monte Dei, SC 223, Paris 1976, 164 / ***5.*** Aelred von Rievaulx, Speculum Caritatis I, 23,65, CCh. Cont. Mediaev. 1, Brepols, Turnhout 1971, 40 / ***6.*** Alcher von Clairvaux, De spiritu et anima, PL 40, 779 / ***7.*** Augustine Baker, Die inneren Weisungen des Geistes oder das geistliche Leben der Gertrude More, Verlag Herder, Freiburg 1955, 49 / ***8.*** Ludwig Blosius, Canon vitae spiritualis, c. 15, zit. nach: Benziger Verlag, Einsiedeln 1948, 64f / ***9.*** Columba Marmion, Christus unser Ideal, Verlag Ferdinand Schöningh, Paderborn 1929, 7 / ***10.*** Hildegard von Bingen, Scivias III, 8, 3–5, CCh. Cont. Mediaev. 43A, Brepols, Turnhout 1978, 481f / ***11.*** Anselm von Canterbury, Proslogion, Opera Omnia, Bd. 1, zit. nach: Fr. Frommann, Stuttgart 1984, 97 / ***12.*** Raphael Hombach, Einsam für alle, Echter Verlag, Würzburg 1975, 22. Rechte bei der Vereinigung der Benediktiner zu Maria Laach e.V. / ***13.*** Aelred von Rievaulx, Speculum Caritatis I,1,3, CCh. Cont. Mediaev. 1, Brepols, Turnhout 1971, 14 / ***14.*** Georg Braulik, Herausforderung der Mönche, © Verlag Kerle, Freiburg Wien, 1. Aufl. 1979, 101 / ***15.*** Aquinata Böckmann, Perspektiven der Regula Benedicti, © Vier-Türme-Verlag, Münsterschwarzach 1986, 159 / ***16.*** Bernhard von Clairvaux, Super Cantica Canticorum 74,7, PL 183, 1142 AB / ***17.*** Corona Bamberg,

Wer sich dem An-spruch stellt, Echter Verlag, Würzburg 1976, 25f. Rechte bei der Autorin / ***18.*** Emmanuel Heufelder, Weite des Herzens, Pustet Verlag, Regensburg, 2. Aufl. 1979, 26 / ***19.*** Jean Leclercq, Wissenschaft und Gottverlangen, Patmos Verlag, Düsseldorf 1963, 101 / ***20.*** Gregor der Große, Moralia in Job 5,4, PL 75, 683A / ***21.*** Georg Holzherr, Die Benediktsregel, © Patmos Verlag GmbH & Co KG/Benziger Verlag, Düsseldorf und Zürich 1994, 236f / ***22.*** Ludwig Blosius, Speculum monachorum 1; zit. bei M. Wolter, Praecipua Ordinis monastici Elementa, Desclée de Brouwer, Brugis 1880, 96 / ***23.*** Bernhard von Clairvaux, Sermo 37,9, PL 183, 644D/645A / ***24.*** Hildegard von Bingen, Scivias I, 3,26,28, CCh. Cont. Mediaev. 43, Brepols, Turnhout 1978, 56f / ***25.*** Mechtild von Hackeborn, Buch der besonderen Gnade III, 44, Johannes Verlag, Einsiedeln 1955, 63 / ***26.*** Willibrord Verkade, Die Unruhe zu Gott, Verlag Herder, Freiburg 1940, 93 / ***27.*** Corona Bamberg, Gotteserfahrung und Dienst: EuA 49 (1973) 348. Rechte bei der Autorin / ***28.*** Isaak von Stella, Sermones 23,3, SC 207, Paris 1974, 82 / ***29.*** Basilius Steidle, Die Regel St. Benedikts, Beuroner Kunstverlag, Beuron 1952, 276f / ***30.*** Brakkenstein Community, Regel für einen neuen Bruder, © Vier-Türme-Verlag, Münsterschwarzach 1986, 8–10 / ***31.*** Basil Hume, Gott suchen, Johannes Verlag, Einsiedeln, 4. Aufl. 1986, 34f

APRIL: 1. Johannes von Fécamp, Meditatio 14, PL 158, 779C / ***2***. Hildegard von Bingen, Carmina 2, ed. M. David-Windstoßer, Carl August-Seyfried u. Co. Verlag, München 1928, 18 / ***3.*** Anselm von Canterbury, Proslogion: Opera omnia, Tomus I, Fr. Frommann Verlag, Stuttgart 1984, 101–103 / ***4.*** Anselm von Canterbury, Proslogion: Opera omnia, Tomus I, dito., 104 / ***5.*** John Chapman, Geistliche Briefe, Benziger Verlag, Einsiedeln 1945, 69f / ***6.*** Augustine Baker, Die inneren Weisungen des Heiligen Geistes, zit nach: Verlag Herder, Freiburg 1955, 50f / ***7.*** Ludwig Blosius, Speculum spirituale XI, 1,2; zit. bei: J. Chapman, Geistliche Briefe, Benziger Verlag, Einsiedeln 1945, 70, Anm.1 / ***8.*** Johannes von Kastl, Wie man Gott anhangen soll, Verlag Ferdinand Schöningh, Paderborn 1923, 59 / ***9.*** Gertrud von Helfta, Exercitia spiritualia, SC 127, Paris 1967, 76–78 / ***10.*** Bernhard von Clairvaux, Super Cantica Canticorum 52,2, PL 183, 1030 BC / ***11.*** Gregor der Große, Dialoge II. 35,6; hg. von der Salzburger Äbtekonferenz, Gregor der Große, Der heilige Benedikt, EOS Verlag, St. Ottilien 1995, 197 / ***12.*** Raphael Hombach, Gott ist bei dir, Johannes Verlag, Leutesdorf 1976, 60 / ***13.*** Viktor Warnach, Christusmysterium, Verlag Styria, Graz 1977, 56f / ***14.*** Wilhelm von St. Thierry, De contemplando Deo 11, SC 61, Paris 1977, 100 / ***15.*** Wilhelm von St. Thierry, Aenigma fidei, PL 180, 399CD /

16. Daniel Feuling, Katholische Glaubenslehre, Otto Müller Verlag, Salzburg 1937, 119 / *17.* Gertrud von Helfta, Gesandter der göttlichen Liebe, zit nach: Schneider Verlag, Heidelberg 1989, 28 / *18.* Mechtild von Hackeborn, Das Buch vom strömenden Lob, zit. nach: Johannes Verlag, Einsiedeln 1955, 21 / *19.* Mechtild von Magdeburg, Das fließende Licht der Gottheit, zit. nach: Johannes Verlag, Einsiedeln 1955, 62–65 / *20.* Silja Walter, Gesamtausgabe, Band 2: Monastisches Werk, Paulus Verlag, Freiburg/Schweiz 2000, 360 / *21.* Jerusalem-Gemeinschaften, Geht ihm entgegen, Geistliche Lebensregel, zit. nach: Verlag Herder, Freiburg 1984, 54 / *22.* Columba Marmion, Christus unser Ideal, Verlag Ferdinand Schöningh, Paderborn 1929, 244 / *23.* Kyrilla Spiecker, Zeig mir dein Gesicht, © Verlag Katholisches Bibelwerk, Stuttgart 1977, 86 / *24.* Ildefons Herwegen, Vom christlichen Sein und Leben, St. Augustin Verlag, Berlin, 2. Aufl. 1938, 33 / *25.* Benedikt Baur, Werde Licht!, 3. Teil, © Verlag Herder, Freiburg, 8. Aufl. 1953, 206 / *26.* Alois Mager, Der Wandel in der Gegenwart Gottes, Benno Filser, Augsburg 1921, 51 / *27.* Thomas Merton, Keiner ist eine Insel, © Patmos Verlag GmbH & Co KG/ Benziger Verlag, Düsseldorf und Zürich 1997, 224 / *28.* André Louf, Das monastische Zeugnis in einer säkularisierten Welt: EuA 47 (1971) 386 / *29.* Michaela Puzicha, Der Heilsweg der Regel, aus: Silja Walter/Liliane Juchli/Michaela Puzicha, Jemandsland, Paulus Verlag, Freiburg/Schweiz 1997, 52–54 / *30.* Mechtild von Hackeborn, Liber specialis gratiae II,34, Oudin, Paris 1877, 180f

MAI: 1 Anselm von Canterbury, Meditatio redemptionis humanae: Opera omnia, Tomus II, Fr. Frommann Verlag, Stuttgart 1984, 84 / *2.* Columba Marmion, Christus in seinen Geheimnissen, Verlag Ferdinand Schöningh, Paderborn, 3. Aufl. 1936, 8 / *3.* Bernhard von Clairvaux, Sermones de diversis 29, PL 183, 620D–621B / *4.* Mechtild von Magdeburg, Das fließende Licht der Gottheit, zit. nach: Johannes Verlag, Einsiedeln 1955, 181f / *5.* Bonaventura Rebstock, Schule des Herrn, Beuroner Kunstverlag, Beuron 1954, 134 / *6.* Johannes von Kastl, Traktat vom ungeschaffenen Licht, Kap. 12, zit. nach: Benziger Verlag, Zürich 1981, 93 / *7.* Isaak von Stella, Sermones 7,16, SC 130, Paris 1967, 190 / *8.* Hildegard von Bingen, Ordo Virtutum, Epilog, PL 197, 1005D–1006A / *9.* Odo Casel, Vom wahren Menschenbild, Pustet Verlag, Regensburg 1953, 154 / *10.* Anselm von Canterbury, Meditatio 1: Opera omnia, Tomus II, Fr. Frommann, Stuttgart 1984, 79 / *11.* Bernhard von Clairvaux, Super Cantica Canticorum 15,5–6, PL 183, 846B/847A / *12.* Thomas Merton, Meditationen eines Einsiedlers, © Patmos Verlag GmbH & Co KG/Benziger Verlag, Düsseldorf und Zürich 1994, 64 / *13.* Wilhelm von St. Thierry,

Speculum fidei 74, SC 301, Paris 1982, 142 / ***14.*** Pseudo-Bernardus, Sermo de vita et passione Christi 6, PL 184, 958BC / ***15.*** Bernhard von Clairvaux, Super Cantica Canticorum 11,7, PL 183, 827C / ***16.*** Bernhard von Clairvaux, Tractatus de moribus et officio episcoporum 5,18, PL 182, 821BC / ***17.*** Gertrud von Helfta, Gesandter der göttlichen Liebe, zit. nach: Schneider, Heidelberg 1989, 157 / ***18.*** Rabanus Maurus, In honorem Sanctae Crucis B 19, CCh. Cont. Mediaev. C, Brepols, Turnhout 1997, 151 / ***19.*** Garcia de Cisneros, Schule des geistlichen Lebens, Verlag Herder, Freiburg 1923, 205f / ***20.*** Wilhelm von St. Thierry, Speculum fidei 57, SC 301, Paris 1982, 124 / ***21.*** Raphael Hombach, Einsam für alle, Echter Verlag, Würzburg 1975, 35. Rechte bei der Vereinigung der Benediktiner zu Maria Laach e.V. / ***22.*** Aelred von Rievaulx, Speculum Caritatis I,1,2, CCh. Cont. Mediaev. 1, Brepols, Turnhout 1971, 13 / ***23.*** Elisabeth von Schönau, Gebet zum heiligen Leibe Christi, in: F.W.E. Roth, Das Gebetbuch der heiligen Elisabeth von Schönau, Max Huttler, Augsburg 1886, 15 / ***24.*** Gertrud von Helfta, Exercitia spiritualia 5, zit. nach: G. Gieraths, Im Leiden Gott begegnen, Benziger Verlag, Zürich 1978, 137f / ***25.*** Mechtild von Hackeborn, Liber specialis gratiae II,19, zit. nach: G. Gieraths, aaO.,102 ***26.*** Cathérine de Bar, Du hast Menschen an meinen Weg gestellt, © Vier-Türme-Verlag, Münsterschwarzach 1986, 29 / ***27.*** Corona Bamberg, Unter der Führung des Evangeliums, Echter Verlag, Würzburg 1980, 13. Rechte bei der Autorin / ***28.*** Geistliche Wegweisung. Directorium spirituale für die Beuroner Kongregation, Beuroner Kunstverlag, Beuron 1984, 13 / ***29.*** Denis Huerre OSB, Von Tag zu Tag, als Manuskript gedruckt, Abtei St. Erentraud, Kellenried 1983, 338 / ***30.*** Petrus von Celle, De disciplina claustrali 7, PL 202, 1112C / ***31.*** Columba Marmion, Christus in seinen Geheimnissen, Verlag Ferdinand Schöningh, Paderborn, 3. Aufl. 1936, 390

JUNI: 1. John Chapman, Geistliche Briefe, Benziger Verlag, Einsiedeln 1945, 59f / ***2.*** Petrus Venerabilis, Epistola 22, in: G. Constable, The Letters of Peter the Venerable, Harvard University Press, Cambridge 1967, Bd. I,37 / ***3.*** Ludwig Blosius, Canon vitae spiritualis, c. 17, Benziger Verlag, Einsiedeln 1948, 74f / ***4.*** Gregor der Große, Moralia in Job 16,42,53, CChr. SL 143A, Brepols, Turnhout 1979 829f / ***5.*** Die Magisterregel, zit. nach: EOS Verlag, St. Ottilien 1989, 233f / ***6.*** Garcia de Cisneros, Schule des geistlichen Lebens, Verlag Herder, Freiburg 1923, 205 / ***7.*** Ildefons Schuster, Liber Sacramentorum I, Verlag Friedrich Pustet, Regensburg 1929, 13 / ***8.*** Prosper Guéranger, Das Kirchenjahr I, Kirchheim, Mainz 1874, 1 / ***9.*** Balthasar Fischer, Die Psalmen als Stimme der Kirche, Paulinus Verlag, Trier 1982, 70 / ***10.*** Germain Morin, Mönchtum und Urkirche, EOS Verlag, St. Ottilien

1949, 84f / ***11.*** Aemiliana Löhr, Abend und Morgen ein Tag, Pustet Verlag, Regensburg 1955, 44f / ***12.*** Basil Christopher Butler, Der Alltag des Gebets, Patmos Verlag, Düsseldorf 1963, 58 / ***13.*** Cuthbert Butler, Wege des christlichen Lebens, Benziger Verlag, Einsiedeln 1944, 308f / ***14.*** Mechtild von Magdeburg, Das fließende Licht der Gottheit, zit. nach: Johannes Verlag Einsiedeln, 1955, 231f / ***15.*** André Louf, In uns betet der Geist, Johannes Verlag, Einsiedeln, Trier, 2. Aufl. 1989, 17f / ***16.*** Rupert von Deutz, Lesungen über Johannes 1, Spee-Buchverlag, Trier 1977, 220 / ***17.*** Garcia de Cisneros, Schule des geistlichen Lebens, Verlag Herder, Freiburg 1923, 43f / ***18.*** Gertrud More, Confessions of a Lover 7, Schriften II, München 1912, 27, zit. nach: Cuthbert Butler, Benediktinisches Mönchtum, Missionsverlag, St. Ottilien 1929, 75 / ***19.*** Augustine Baker, Die inneren Weisungen des Heiligen Geistes, Verlag Herder, Freiburg 1955, 26–31 / ***20.*** Augustine Baker, dito., 49 / ***21.*** Thomas Merton, Meditationen eines Einsiedlers, © Patmos Verlag GmbH & Co KG/Benziger Verlag, Düsseldorf und Zürich 1994, 90f / ***22.*** John Chapman, Geistliche Briefe, Benziger Verlag, Einsiedeln 1945, 38 / ***23.*** Cuthbert Butler, Benediktinisches Mönchtum, Missionsverlag, St. Ottilien 1929, 107f / ***24.*** Augustine Baker, zit. nach: Cuthbert Butler, Benediktinisches Mönchtum, Missionsverlag, St. Ottilien 1929, 106 / ***25.*** Johannes von Kastl, Wie man Gott anhangen soll: Verlag Ferdinand Schöningh, Paderborn 1923, 38f / ***26.*** Bernhard von Clairvaux, Super Cantica Canticorum 74, 5f, PL 183,1141A–D / ***27.*** John Chapman, Geistliche Briefe, Benziger Verlag, Einsiedeln 1945, 143f / ***28.*** Thomas Merton, Meditationen eines Einsiedlers, © Patmos Verlag GmbH & Co KG/Benziger Verlag, Düsseldorf und Zürich 1994, 93f / ***29.*** Thomas Keating, Das Gebet der Sammlung, © Vier-Türme-Verlag, Münsterschwarzach 1987, 181 / ***30.*** Smaragdus, Expositio in Regulam S. Benedicti IV,56, CCM VIII, Franz Schmitt Verlag, Siegburg 1974, 136

JULI: 1. Ludwig Blosius, Canon vitae spiritualis, c. 16, Benziger Verlag, Einsiedeln 1948, 67 / ***2.*** Bernhard von Clairvaux, Sermones de diversis 24,2, PL 183, 603D/604A / ***3.*** Guerric von Igny, Sermo ad excitandam devotionem in psalmodia 2, PL 185, 211AB / ***4.*** Arnulf von Bohéries, Speculum monachorum 1, PL 184, 1175B / ***5.*** Weisung der Väter, übersetzt von B. Miller, Paulinus Verlag, Trier, 3. Aufl. 1986, Nr. 1034, S. 342 / ***6.*** Jean Leclercq, Wissenschaft und Gottverlangen, Patmos Verlag, Düsseldorf 1963, 85f / ***7.*** Smaragdus, Diadema monachorum, c. 3, PL 102, 597CD / ***8.*** Columba Marmion, Christus unser Ideal, Verlag Ferdinand Schöningh, Paderborn 1929, 459 / ***9.*** Gregor der Große, Epistolarum liber IV, 31, PL 77, 706AB / ***10.*** Georg Braulik, Herausforderung der Mönche, © Verlag Kerle, Freiburg Wien,

1. Aufl. 1979, 98 / ***11.*** Thomas Merton, Meditationen eines Einsiedlers, © Patmos Verlag GmbH & Co KG/Benziger Verlag, Düsseldorf und Zürich 1994, 101 / ***12.*** Thomas Merton, dito., 101f / ***13.*** Denis Huerre OSB, Von Tag zu Tag, als Manuskript gedruckt, Abtei St. Erentraud, Kellenried 1983, 251f / ***14.*** André Zegveld, Lectio Divina: EuA 55 (1979) 292 / ***15.*** Johannes Trithemius, Lib. I, hom. 7, zit. nach: M. Wolter, Praecipua Ordinis monastici Elementa, Desclée de Brouwer, Brugis 1880, 535f / ***16.*** Beda Venerabilis, Proverbiorum liber, PL 90, 1096B / ***17.*** Wilhelm von St. Thierry, Epistola ad fratres de Monte Dei, SC 223, Paris 1976, 238 / ***18.*** Emmanuel Jungclaussen, Worte der Weisung, © Verlag Herder, Freiburg, 2. Aufl. 1988, 76 / ***19.*** Johannes Mabillon, De monasticorum studiorum ratione ad iuniores monachos, zit. nach: M. Wolter, Praecipua Ordinis monastici Elementa, Desclée de Brouwer, Brugis 1880, 555 / ***20.*** Ludwig Blosius, Canon vitae spiritualis, c. 16, Benziger Verlag, Einsiedeln 1948, 70 / ***21.*** Weisung der Väter, übersetzt von B. Miller, Paulinus Verlag, Trier, 3. Aufl. 1986, Nr. 1091, S. 372f / ***22.*** Smaragdus, Diadema monachorum, c. 3, PL 102, 598ABC / ***23.*** Daniel Rees u.a., Consider Your Call, SPCK, English Benedictine Congregation, London 1978, 267 / ***24.*** Germain Barbier, An Gott Gefallen finden, Verlag Neue Stadt, München 1979, 118 / ***25.*** Wilhelm von St. Thierry, Epistola ad fratres de Monte Dei, SC 223, Paris 1976, 240 / ***26.*** Rupert von Deutz, De operibus Spiritus Sancti I,6, PL 167, 1575D/1576A / ***27.*** Bernhard von Clairvaux, Sermones VI, 2f, PL 183,51BC / ***28.*** Guerric von Igny, Sermons II,6, SC 202, Paris 1973, 161 / ***29.*** Isaak von Stella, Sermons 8,16, SC 130, Paris 1967, 202–204 / ***30.*** Aelred von Rievaulx, Sermo 19, PL 195, 320CD / ***31.*** Emmanuel Jungclaussen, Worte der Weisung, © Verlag Herder, Freiburg, 2. Aufl. 1988, 80f

AUGUST: ***1.*** Salzburger Äbtekonferenz, Die Benediktusregel, Beuroner Kunstverlag, Beuron 1992, 43f / ***2.*** Weisung der Väter, übersetzt von B. Miller, Paulinus Verlag, Trier, 3. Aufl. 1986, Nr. 860, S. 282 / ***3.*** Basil Hume, Gott suchen, Johannes Verlag, Einsiedeln, 4. Aufl. 1986, 122 / ***4.*** Wilhelm von St. Thierry, Epistola ad fratres de Monte Dei, SC 223, Paris 1976, 206 / ***5.*** Ogerius von Locedio, Expositio super Evangelium in Coena Domini 14,2, PL 184, 944D / ***6.*** Maurus Wolter, Elementa, Beuroner Kunstverlag, Beuron 1955, 99f / ***7.*** Bernhard von Clairvaux, Super Cantica Canticorum 23,13, PL 183, 891C / ***8.*** Jerusalem-Gemeinschaften, Geht ihm entgegen. Geistliche Lebensregel, zit. nach: Verlag Herder, Freiburg 1984, 28 / ***9.*** Petrus Venerabilis, Statuta Congregationis Cluniacensis 39, PL 189, 1036D/1037A / ***10.*** Guerric von Igny, In assumptione Beatae Mariae sermo III, PL 185, 196CD / ***11.*** Johannes Trithemius, Lib. I, hom. 7, zitiert bei: M. Wolter, Praecipua Ordinis monastici Elementa, Desclée de Brouwer, Brugis 1880, 540 / ***12.*** Bonaventura Rebstock, Schule des Herrn, Beuroner Kunstverlag, Beuron 1954, 99 / ***13.*** Johannes Cassian, De institutis coenobiorum X,23, SC 109, Paris 1965, 422 / ***14.*** Judith Frei, Die Stellung des alten Mönchtums zur Arbeit: EuA 53 (1977) 33 / ***15.*** Benedikt Haeften, Disquisitiones Monasticae 9,2,3, zit. nach: M. Wolter, Praecipua Ordinis monastici Elementa, Desclée de Brouwer, Brugis 1880, 568 / ***16.*** Adalbert de Vogüé, Die Regula Benedicti, zit. nach: EOS Verlag, St. Ottilien 1986, 277f / ***17.*** Bernhard von Clairvaux, Sermones de diversis 17,3 u. 4, PL 183, 584BCD / ***18.*** Michaela Puzicha, Muße: MI (= Monastische Informationen) Nr. 27 (10. 11. 1981) 12 / ***19.*** Balduin von Ford, Tractatus de requie coelesti, PL 204, 445D / ***20.*** Balduin von Ford, dito., 450AB / ***21.*** Fidelis Ruppert/Anselm Grün, Bete und arbeite, © Vier-Türme-Verlag, Münsterschwarzach 1982, 18 / ***22.*** Enzo Bianchi, Die Strukturen der Reifung im monastischen Leben: MI Nr. 83 (15. 3. 95) ***23.*** Gregor der Große, Dialoge II.6; hg. von der Salzburger Äbtekonferenz, Gregor der Große, Der heilige Benedikt, EOS Verlag, St. Ottilien 1995, 103 / ***24.*** Esther de Waal, Gottsuchen im Alltag, © Vier-Türme-Verlag, Münsterschwarzach 1992, 102f / ***25.*** Basil Hume, Pilgerbuch des Lebens, zit. nach: Verlag Herder, Freiburg 1984, 211 / ***26.*** Weisung der Väter, übersetzt von B. Miller, Paulinus Verlag, Trier, 3. Aufl. 1986, Nr. 317, S. 115f / ***27.*** Garcia de Cisneros, Schule des geistlichen Lebens, Verlag Herder, Freiburg 1923, 236 / ***28.*** Max Scheler, Christentum und Gesellschaft, 2. Halbbd., Neue Geist-Verlag, Leipzig 1924, 97 / ***29.*** Thomas Merton, Keiner ist eine Insel, © Patmos Verlag GmbH, 123 / ***30.*** Johannes von Kastl, Traktat vom ungeschaffenen Licht, Kap. 5, zit. nach: Benziger Verlag, Zürich 1981, 61f / ***31.*** Emmanuel Jungclaussen, Worte der Weisung, © Verlag Herder, Freiburg, 2. Aufl. 1988, 87f

SEPTEMBER: 1. Anselm von Canterbury, Epistola ad Basiliam, Opera omnia, Tom. II, Fr. Frommann, Stuttgart 1984, 365f / ***2.*** Hildegard von Bingen, Briefe, 2. Bd., 2. Teil, zit. nach: G. J. Manz Verlag, Regensburg 1854, 69 / ***3.*** Germain Morin, Mönchtum und Urkirche, EOS Verlag, St. Ottilien 1949, 28 / ***4.*** Corona Bamberg, Was Menschsein kostet, Topos plus 376, Matthias-Grünewald-Verlag, Mainz 2001, 37 / ***5.*** Thomas Merton, Meditationen eines Einsiedlers, © Patmos Verlag GmbH & Co KG/Benziger Verlag, Düsseldorf und Zürich 1994, 77 / ***6.*** Cathérine de Bar, Du hast Menschen an meinen Weg gestellt, © Vier-Türme-Verlag, Münsterschwarzach 1986, 25 / ***7.*** Bernhard von Clairvaux, Super Cantica Canticorum 58,10, PL 183, 1060D / ***8.*** Garcia de Cisneros, Schule des geistlichen Lebens, Verlag Herder,

Freiburg 1923, 27 / ***9.*** Cuthbert Butler, Wege christlichen Lebens, Benziger Verlag, Einsiedeln 1944, 301f / ***10.*** John Chapman, Geistliche Briefe, Benziger Verlag, Einsiedeln 1945, 126 / ***11.*** Jean Leclercq, Askese – ein bleibender Wert im heutigen Mönchtum: EuA 53 (1977) 353 / ***12.*** Petrus Damiani, Dominus vobiscum, c. 19, PL 145, 251AB / ***13.*** Bernhard von Clairvaux, Sermo 2 de s. Andrea 5, PL 183, 511D / ***14.*** Johannes Trithemius, De proprietate monachi I, zit. nach: M. Wolter, Praecipua Ordinis monastici Elementa, Desclée de Brouwer, Brugis 1880, 416 / ***15.*** Odo von Cluny, Collationum lib. I, 39, PL 133, 546D / ***16.*** Ludwig Blosius, Canon vitae spiritualis 24,5, Benziger Verlag, Einsiedeln 1948, 99 / ***17.*** Nikolaus Egender, Wer Großes erwartet, kann auf Entbehrliches verzichten!: EuA 74 (1998) 330f / ***18.*** Georg Braulik, Herausforderung der Mönche, © Verlag Kerle, Freiburg Wien, 1. Aufl. 1979, 96 / ***19.*** Johannes von Kastl, Traktat vom ungeschaffenen Licht, Prolog, Benziger Verlag, Zürich 1981, 26f / ***20.*** Columba Marmion, Christus unser Ideal, Verlag Ferdinand Schöningh, Paderborn 1929, 218 / ***21.*** Cuthbert Butler, Benediktinisches Mönchtum, EOS Verlag, St. Ottilien 1929, 35 / ***22.*** Weisung der Väter, übersetzt von B. Miller, Paulinus Verlag, Trier, 3. Aufl. 1986, Nr. 906, S. 295 / ***23.*** Maurus Wolter, Elementa, Beuroner Kunstverlag, Beuron 1955, 96f / ***24.*** Basil Hume, Gott suchen, Johannes Verlag, Einsiedeln, 4. Aufl. 1986, 113f / ***25.*** Jerusalem-Gemeinschaften, Geht ihm entgegen, Geistliche Lebensregel, zit. nach: Verlag Herder, Freiburg 1984, 64f / ***26.*** Thomas Merton, Meditationen eines Einsiedlers, © Patmos Verlag GmbH & Co KG/Benziger Verlag, Düsseldorf und Zürich 1994, 68 / ***27.*** Mechtild von Hackeborn, Buch der besonderen Gnade, IV,7, Benziger Verlag, Einsiedeln 1964, 238f / ***28.*** Elisabeth von Schönau, Liber viarum Dei, Sermo 1, PL 195, 169BC / ***29.*** Petrus von Celle, De puritate, ed. Leclercq, Vrin, Paris 1946, 180, 7–14 / ***30.*** St. Trudperter Hoheslied, ed. Menhardt II, Niemeyer, Halle 1934, 156

OKTOBER: 1. Maurus Wolter, Elementa, Beuroner Kunstverlag, Beuron 1955, 143f / ***2.*** Emmanuel von Severus, Was heißt ekklesiastikos monazein heute?: Regulae Benedicti Studia 5, Gerstenberg Verlag, Hildesheim 1977, 168f / ***3.*** Basilius Steidle, Die Regel St. Benedikts, Beuroner Kunstverlag, Beuron 1952, 102f / ***4.*** Salzburger Äbtekonferenz, Die Benediktusregel, Beuroner Kunstverlag, Beuron 1992, 15f / ***5.*** Bernhard von Clairvaux, Sermo 42,4, PL 183, 663BC / ***6.*** Balduin von Ford, De vita coenobitica, PL 204, 545C/546C / ***7.*** Aelred von Rievaulx, Oratio pastoralis 8, SC 76, Paris 1961, 198–200 / ***8.*** Michael Casey, Gemeinschaft in der Benediktinerregel: MI Nr. 26 (15. 9. 1981) 18 / ***9.*** Columba Marmion, Christus unser Ideal,

Verlag Ferdinand Schöningh, Paderborn 1929, 96 / ***10.*** Georg Braulik, Herausforderung der Mönche, © Verlag Kerle, Freiburg Wien, 1. Aufl. 1979, 76f / ***11.*** Balduin von Ford, De vita coenobitica, PL 204, 554D/ 555A / ***12.*** Adalbert de Vogüé, Die Regula Benedicti, EOS Verlag, St. Ottilien 1986, 349f / ***13.*** Domitilla Veith, Gemeinschaftsleben nach der Benediktsregel: MI Nr. 54 (20. 3. 1988) 25 / ***14.*** Bernhard von Clairvaux, Super Cantica Canticorum 29,3, PL 183, 930AB / ***15.*** Athanasius Polag, Störenfriede im Kloster: MI Nr. 48 (15. 9. 1986) 16 / ***16.*** Aelred von Rievaulx, Sermones de oneribus 29, PL 195, 485C/ 486A / ***17.*** Anselm Grün, Die Gemeinschaft und ihr Schatten: MI Nr. 101 (15. 9. 1999) 8 / ***18.*** Cathérine de Bar, Du hast Menschen an meinen Weg gestellt, © Vier-Türme-Verlag, Münsterschwarzach 1986, 46 / ***19.*** Wilhelm von St. Thierry, De natura et dignitate amoris 9,26, PL 184, 396D/397A / ***20.*** Johannes von Fécamp, Deploratio quietis et solitudinis derelictae, ed. Leclercq-Bonnes, Vrin, Paris 1946, 185 / ***21.*** Raphael Hombach, Einsam für alle, Echter Verlag, Würzburg 1975, 41. Rechte bei der Vereinigung der Benediktiner zu Maria Laach e.V. / ***22.*** Thomas Merton, Meditationen eines Einsiedlers, © Patmos Verlag GmbH & Co KG/Benziger Verlag, Düsseldorf und Zürich 1994, 69 / ***23.*** Clemens Schmeing, Perspektiven benediktinisch monastischen Lebens heute: EuA 48 (1972) 422 / ***24.*** Evagrius Ponticus, Praktikos. Über das Gebet, Kap. 124, zit. nach: Vier-Türme-Verlag, Münsterschwarzach 1986, 117 / ***25.*** Basilius Doppelfeld, Das Kloster als „Familie": EuA 50 (1974) 20 / ***26.*** Denis Huerre OSB, Von Tag zu Tag, als Manuskript gedruckt, Abtei St. Erentraud, Kellenried 1983, 321 / ***27.*** André Louf, In brüderlicher Gemeinschaft leben, © Vier-Türme-Verlag, Münsterschwarzach 1986, 15 / ***28.*** Aelred von Rievaulx, Speculum caritatis 111,39,109, CChr. CM, Brepols, Turnhout 1971, 159 / ***29.*** Balduin von Ford, De vita coenobitica, PL 204,546CD / ***30.*** Alanus ab Insulis, De arte praedicatoria 43, PL 210,189B / ***31.*** Daniel Rees u.a., Consider Your Call, SPCK English Benedictine Congregation, London 1978, 64f

NOVEMBER: 1. Thomas Merton, Meditationen eines Einsiedlers, © Patmos Verlag GmbH & Co KG/Benziger Verlag, Düsseldorf und Zürich 1994, 90 / ***2.*** Emmanuel Heufelder, Weite des Herzens, Pustet Verlag, Regensburg, 2. Aufl.1979, 13 / ***3.*** Bernhard von Clairvaux, Super Cantica Canticorum 28,6, PL 183, 923D/924A / ***4.*** Maurus Wolter, Elementa, Beuroner Kunstverlag, Beuron 1955, 111 / ***5.*** Georg Holzherr, Die Benediktsregel, © Patmos Verlag GmbH & Co KG/ Benziger Verlag, Düsseldorf und Zürich 1994, 85–87 / ***6.*** Bernhard von Clairvaux, De praecepto et dispensatione VI,12, PL 182, 868A / ***7.*** Johannes Cassian, Conlationes 2,1–4, SC 42, Paris 1955, 111–116

vitae spiritualis, c. 23, Benziger Verlag, Einsiedeln 1948, 95 / ***11.*** Odilo Lechner, Benedikt – Ursprung und Gegenwart eines Segens, in: Georg Braulik, Herausforderung der Mönche, © Verlag Kerle, Freiburg Wien, 1. Aufl. 1979, 37 / ***12.*** Johannes von Kastl, Spiritualis philosophia III, ed. C. Stroick, Univ. of Ottawa Press, Ottawa 1964, 154 / ***13.*** Mechtild von Magdeburg, Das fließende Licht der Gottheit V,11, zit. nach: Benziger Verlag, Einsiedeln 1955, 230 / ***14.*** Bernhard von Clairvaux, De gradibus humilitatis IV,15, PL 182, 95OB / ***15.*** Basil Hume, Gott suchen, Johannes Verlag, Einsiedeln, 4. Aufl. 1986, 99 / ***16.*** Bernhard von Clairvaux, Super Cantica Canticorum 85,14, PL 183, 1194D / ***17.*** Wilhelm von St. Thierry, Epistola ad fratres de Monte Dei, SC 223, Paris 1976,184 / ***18.*** Gregor der Große, Homiliae in Hiezechihelem prophetam I,11,3, CChr. SL 142, Brepols, Turnhout 1971, 170 / ***19.*** Jerusalem-Gemeinschaften, Geht ihm entgegen, Geistliche Lebensregel, zit. nach: Verlag Herder, Freiburg 1984, 35 / ***20.*** Denis Huerre OSB, Über die Beständigkeit: MI Nr. 40 (15. 9. 1984) 16 / ***21.*** Thomas Merton, Meditationen eines Einsiedlers, © Patmos Verlag GmbH & Co KG/Benziger Verlag, Düsseldorf und Zürich 1994, 95 / ***22.*** Mechtild von Hackeborn, Liber specialis gratiae III,36, zit. nach: G. Gieraths, Im Leiden Gott begegnen, Benziger Verlag, Zürich 1978, 77f / ***23.*** Edgar Friedmann, Mönche im Dienst der Kirche für die Menschen, in: Georg Braulik, Herausforderung der Mönche, © Verlag Kerle, Freiburg Wien, 1. Aufl. 1979, 187 / ***24.*** Balduin von Ford, De vita coenobitica, PL 204, 548AB / ***25.*** Faustus von Riez, Homilia 41,2, CChr. SL 101A, Brepols, Turnhout 1971, 488 / ***26.*** Salzburger Äbtekonferenz, Die Benediktusregel, Einführung, Beuroner Kunstverlag, Beuron 1992, 46 / ***27.*** André Borias, „Mit glühender Liebe …": EuA 68 (1992) 220f / ***28.*** Gislar Aulinger, Das Humanum in der Regel Benedikts von Nursia, EOS Verlag, St. Ottilien 1950, 226 / ***29.*** Hugo Lang, Rüstung der Seele, Max Huber Verlag, München 1938, 65 / ***30.*** Wilhelm von St. Thierry, De natura et dignitate amoris I, PL 184, 379C

DEZEMBER: 1. Thomas Merton, Meditationen eines Einsiedlers, © Patmos Verlag GmbH & Co KG/Benziger Verlag, Düsseldorf und Zürich 1994, 120 / ***2.*** Johannes von Kastl, Die Kunst des Sterbens, Benziger Verlag, Zürich 1981, 95 / ***3.*** Petrus von Celle, De puritate I, ed. Leclercq, Vrin, Paris 1946, 178,11–12 / ***4.*** Mechtild von Hackeborn, Buch der besonderen Gnade III, 5, Benziger Verlag, Einsiedeln 1964, 95 / ***5.*** Gertrud von Helfta, Exercitia spiritualia V, SC 127, Paris 1967, 196–198 / ***6.*** Ludwig Blosius, Canon vitae spiritualis c. 38, Benziger Verlag, Einsiedeln 1948,146f / ***7.*** Weisung der Väter, übersetzt von B. Miller, Paulinus Verlag, Trier, 3. Aufl. 1986, Nr. 817, S.

270f / ***8.*** Denis Huerre OSB, Alter und Bekehrung des Mönches: MI Nr. 46 (1. 3. 1986) 12 / ***9.*** Wilhelm von St. Thierry, De contemplando Deo 3,34–42, SC 61, Paris 1977, 66 / ***10.*** Cathérine de Bar, Du hast Menschen an meinen Weg gestellt, © Vier-Türme-Verlag, Münsterschwarzach 1986, 52 / ***11.*** Johannes von Kastl, Traktat vom ungeschaffenen Licht, Kap. 10, Benziger Verlag, Zürich 1981, 86 / ***12.*** Gregor der Große, Dialoge II.37,2; hg. von der Salzburger Äbtekonferenz, Gregor der Große, Der heilige Benedikt, EOS Verlag, St. Ottilien 1995, 199 / ***13.*** Ludwig Blosius, Enchiridion parvulorum II,4, Benziger Verlag, Einsiedeln 1948, 165f / ***14.*** Garcia de Cisneros, Schule des geistlichen Lebens, Verlag Herder, Freiburg i.Br. 1923, 64 / ***15.*** Beda Venerabilis, Proverbiorum liber, c. 14, PL 90,1104C / ***16.*** Prolog, Verse 11–18, zit. nach: Die Benediktusregel. Lateinisch/ Deutsch, hg. im Auftrag der Salzburger Äbtekonferenz, Beuroner Kunstverlag, Beuron, 2. Aufl. 1996 / ***17.*** Gertrud von Helfta, Exercitia spiritualia VII, SC 127, Paris 1967, 264–268 / ***18.*** Gregor der Große, Homilia 13 in Evangelia, FC 28,1, Verlag Herder, Freiburg 1997, 220f/ ***19.*** Wilhelm von St. Thierry, Epistola ad fratres de Monte Dei, SC 223, Paris 1976, 348–350 / ***20.*** Basil Hume, Pilgerbuch des Lebens, Verlag Herder, Freiburg 1984, 232 / ***21.*** Ildefons Herwegen, Sinn und Geist der Benediktinerregel, Benziger Verlag, Einsiedeln 1944, 97 / ***22.*** Bernhard von Clairvaux, In Ascensione Domini sermo 4,14, PL 183, 315D/316A / ***23.*** Hildegard von Bingen, Liber Vitae Meritorum IV, CCCM 90, Brepols, Turnhout 1995, 206 / ***24.*** Notker Füglister, Zeugnis gelebter Hoffnung, aus: Georg Braulik, Herausforderung der Mönche, © Verlag Kerle, Freiburg Wien, 1. Aufl. 1979, 136 / ***25.*** Johannes von Fécamp, Liber meditationum 37, PL 40, 934f / ***26.*** Anselm von Canterbury, Meditatio 3: Opera omnia, Vol. 3, Stuttgart 1984, 91 / ***27.*** Corona Bamberg, Was Menschsein kostet, Topos plus 376, Matthias-Grünewald-Verlag, Mainz 2001, 142f / ***28.*** Johannes Gerson, Opus tripartitum III (Ars moriendi), Mainz 1985, 270 / ***29.*** Wilhelm von St. Thierry, Speculum fidei 4, SC 301, Paris 1982, 64 / ***30.*** Bernhard von Clairvaux, In Annuntiatione Dominica sermo 3, PL 183, 394A / ***31.*** Ludwig Blosius, Canon vitae spiritualis, c. 34, Benziger Verlag, Einsiedeln 1948, 135f

Herausgeber

Christian Schütz OSB, geb. 1938, Dr. theol.; Professuren an der Phil.-Theol. Hochschule Passau und der Universität Regensburg; 1982–1988 Vorsitzender der Salzburger Äbtekonferenz; seit 1982 Abt der Abtei Schweiklberg und Honorarprofessor. Autor zahlreicher theologischer und spiritueller Bücher.